FABERT

Le premier soldat Maréchal de France

Fabert en Cadet aux Gardes de Metz.

Général BOURELLY

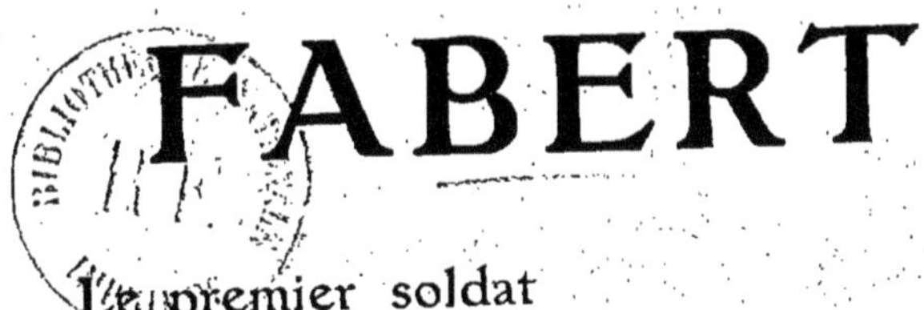

FABERT

Le premier soldat
Maréchal de France

Dessins de Charles Morel

PARIS
ANCIENNE LIBRAIRIE FURNE
COMBET & Cie, ÉDITEURS
5, RUE PALATINE, (VIe)

FABERT

Le premier soldat Maréchal de France

CHAPITRE PREMIER

(1599-1642)

Origine de la famille de Fabert; sa naissance. — Son apprentissage militaire; cadet aux Gardes françaises. — Ses premières campagnes : Royan; La Rochelle; le Pas de Suse; le siège de Privas; Veillane. — Capitaine dans Rambures. — Sièges de Moyenvic, Trèves, Bitche et La Mothe. — Reconnaît Thionville, est fait prisonnier. — Sert sous le cardinal de la Valette : Vandrevange; Saverne; Saint-Jean de Losne; sièges de Landrecies, de la Capelle et de Verceil. — A Metz. — Est mandé auprès de Richelieu. — Défait, à Pomaro, l'avant-garde de Don Francisco de Melos. — Sert de nouveau sous le cardinal de la Valette : Turin; Chivasso. — Richelieu sollicite son amitié. — Capitaine aux Gardes françaises. — Reconnaît Arras. — Conduit à Nancy le partisan Jean de Werth. — A la bataille de la Marfée. — Accompagne Louis XIII et Richelieu à Perpignan. — Repousse les avances de Cinq-Mars. — Est nommé gouverneur de la principauté de Sedan.

Le nom de Fabert, porté, vers le milieu du XVIe siècle, par Isaïe Fabert, seigneur de Tronville en Lorraine, doit sa première illustration à Abraham de Fabert, seigneur de Moulins, maître-échevin et imprimeur privilégié de la ville de Metz, anobli en 1603 par Henri IV, mais celle qu'il a reçue du second fils du savant magistrat messin, est sans contredit la plus glorieuse.

Ce second fils, né à Metz, le 11 octobre 1599, se nommait Abraham comme son père. Anne des Bernards d'Alaumont, sa mère, était issue d'une famille noble du Verdunois. Le goût prononcé du jeune Fabert pour les exercices militaires révéla de bonne heure sa vocation pour la profession des armes. Dès l'âge de quatorze ans (1613), il faisait en quelque sorte violence à son père, pour entrer comme cadet[1] dans une des compagnies des gardes en garnison à Metz. Loin de se croire autorisé par le patronage du duc d'Épernon, gouverneur du pays messin, et colonel général de l'infanterie française, à se soustraire aux exigences du métier de soldat, il s'efforça d'en remplir rigoureusement toutes les obligations. Nul ne se montra plus que lui, laborieux, discipliné, désireux de se rendre utile, et soucieux de son honneur. En un mot, subissant déjà, malgré son jeune âge et l'état de servitude auquel il était soumis, l'irrésistible attrait de la gloire, il se distinguait par ces qualités qui annoncent d'ordinaire les hommes dignes de commander aux autres.

Après cinq ans de ce rude apprentissage de la vie militaire, pendant lesquels il porta l'arquebuse[2], il

1. Le cadet était alors un soldat volontaire, avec ou sans paye.
2. A peu d'années de là, le mousquet devait remplacer l'arquebuse.

fut pourvu, par le duc d'Épernon, d'une enseigne dans le régiment de Piémont (1618). Il servait, depuis quelque temps, avec une commission de capitaine (1619) dans un régiment mis sur pied au nom de Marie de Médicis, lorsque la réconciliation de Louis XIII avec sa mère en amena le licenciement. Ayant repris son enseigne dans Piémont, il fut appelé de nouveau à faire partie, comme capitaine, d'un régiment levé pour le service de la reine-mère, mais, à la suite de l'accommodement qu'imposait à celle-ci la victoire remportée aux Ponts-de-Cé par l'armée royale, il se vit congédié, contrairement à la déclaration d'amnistie. Grâce au duc d'Épernon, il recouvra une enseigne dans Piémont (1621). Un peu plus tard, il offrit d'acheter une compagnie du régiment de Normandie : le roi, inspiré par le duc de Luynes, eût la faiblesse de ne pas l'agréer pour remplir cette charge, sous le prétexte qu'il n'était pas « assez bien fait » pour être capitaine dans un vieux corps.

Sans se laisser rebuter par ce refus mortifiant, Fabert se rendit en Béarn où il prit une part active aux opérations dirigées par le duc d'Épernon. A quelque temps de là, il se signala par sa bravoure au siège de Saint-Jean-d'Angély. Il assista ensuite au début du blocus de la Rochelle. En mai 1622, il était blessé sur la brèche de Royan, à la tête des *Enfants-Perdus*. La même année, devant Montpellier, un brillant fait d'armes lui valut d'être présenté à Louis XIII par le duc d'Épernon.

Cependant, une charge de capitaine était devenue vacante dans le régiment où Fabert remplissait l'emploi d'enseigne. Après la lui avoir promise, le duc de la Valette ne craignit pas de l'accorder à un favori de la duchesse sa femme, l'écuyer Conseil. Fabert en conçut contre son rival un si vif ressentiment, qu'il alla le trouver à Pont-à-Mousson pour le provoquer en combat singulier (1624). Conseil paya de la vie la faveur qu'il devait à la protection de la duchesse. Quant à Fabert, il chercha à se dérober à la rigueur des édits rendus en France contre les duels, en séjournant en Lorraine. Plus tard, sa présence à Paris ayant été dénoncée par le duc de la Valette, il se vit contraint d'en sortir, mais ce fut pour aller s'enfermer dans le château de Moulins, où, chose à peine croyable, il eut à soutenir un siège en règle contre le duc lui-même. Il fallut l'intervention de la duchesse pour mettre fin à ce conflit.

Ce n'était pas la première fois que la droiture de Fabert se heurtait à l'injustice. Sa fortune militaire, déjà éprouvée par de nombreuses vicissitudes, lui sembla irrémédiablement compromise par l'indigne traitement que venait de lui faire essuyer le fils ingrat de son protecteur. Tristement convaincu qu'il ne s'élèverait jamais, en France, au-dessus des emplois

FABERT TUE EN DUEL L'ÉCUYER CONSEIL.

subalternes où il végétait depuis dix ans passés, et, cependant, bien décidé à poursuivre la carrière à laquelle ses goûts continuaient à l'enchaîner invinciblement, il tourna un instant les yeux vers l'Allemagne, avec la pensée d'y prendre du service dans les armées de Ferdinand II. Le duc d'Épernon réussit, heureusement, à calmer cet accès de découragement. Après avoir réconcilié Fabert avec son fils, il lui fit délivrer d'abord une commission de capitaine dans un régiment levé par le duc pour le service du roi, et, plus tard, un brevet de sergent-major au régiment de Rambures, un des cinq *petits vieux corps* (1627). Fabert s'acquit promptement, dans ce nouvel emploi, un des plus pénibles de l'infanterie, la réputation d'un officier exemplaire.

Le siège de la Rochelle, auquel il participe avec le régiment de Rambures, lui fournit l'occasion d'appliquer à la construction de la digue qui fermait le port, ses connaissances scientifiques, fruit des études auxquelles il n'avait cessé de se livrer, depuis son entrée au service, sans le secours d'aucun maître. Il a décrit ainsi, dans ses *Mémoires,* le spectacle qui s'offrit à lui, à son entrée dans la ville, après la capitulation (octobre 1628) : « Fabert entra dedans la ville deux heures avant les gens du roy; il vit, parmi les rues, des hommes et des femmes ne pouvant se soutenir de faiblesse, leurs habits si larges par leur maigreur qu'il les fallait lier à l'entour du corps, le visage si hâve, les yeux changés, les dents sortant, ce semblait, de la bouche, le visage de terre et l'esprit si abaissé qu'ils criaient, lorsqu'on les approchait, de crainte qu'en les touchant on ne les fît tomber. Les rues avaient des morts ensevelis, couchés sur les pavés, dans les allées des logis; l'on en voyait aussi les cimetières tout couverts, et l'on lui dit que plusieurs étaient allés, vivants, faire faire leurs fosses, et attendaient, sur le bord, de mourir pour y être enterrés. Partout l'on voyait, dans la ville, jeter par les fenêtres, une certaine colle faite de vieil cuir de bottes, de souliers, de harnais de chevaux et de toutes autres choses coupées en menues pièces et fait bouillir dans l'eau, dont le peuple essayait de se nourrir. Mais ces pauvres misérables ne jetèrent cela qu'après avoir du pain que le roi, par pitié, leur envoya par le munitionnaire de l'armée. »

En 1629, il part pour l'Italie avec le régiment de Rambures. Au Pas de Suze, il trace le plan d'attaque des barricades élevées par le duc de Savoie, et le roi ordonne de s'y conformer. Il rentre en France pour prendre part au siège de Privas où il est grièvement blessé. La même année, le roi lui ayant offert une charge de capitaine à cumuler avec celle de sergent-major, il croit qu'il y va de son honneur de refuser cette faveur; sa crainte est, qu'en l'acceptant, il ne seconde involontairement le secret dessein qu'il prête à Louis XIII d'affaiblir l'autorité du duc d'Épernon comme Colonel Général de l'infanterie française. Aussitôt après, pour ne pas encourir la disgrâce du roi, il se rend à Venise avec le duc de la Valette qui a mission d'y accompagner le duc de Rohan.

L'année suivante, Fabert rejoint en Savoie le régiment de Rambures. Après la reddition de Chambéry, il exécute de nuit la reconnaissance du fort de l'Eguille, qui permet de s'emparer de ce poste sans coup férir. Il suit son régiment lorsque celui-ci est appelé à escorter le roi jusqu'à Lyon, et plus tard quand il revient en Piémont pour faire partie du corps de troupes commandé par le duc de Montmorency. Dans cette nouvelle campagne, au combat de Veillane, il charge, avec une poignée de soldats, plus de quatre cents Savoyards dont la déroute est achevée par son régiment et celui de Picardie.

Le récit suivant, emprunté aux *Mémoires* de Fabert, de la prise de Saluces qui eut lieu quelques jours après le coup de main de Veillane, donnera une idée du sang-froid qu'il montrait dans la recherche des postes périlleux, et de la grandeur d'âme avec laquelle il les disputait à ses amis; «..... L'on alla pour prendre Saluces. En gagnant le faubourg, Fabert eut deux coups de mousquet dans son chapeau. Le lendemain, il fut pour reconnaître les advenues d'un pont qu'on avait donné à garder au régiment de Rambures pour empêcher de jeter des gens dedans la place. Il fut en un lieu dangereux où il crut que si Rambures y allait, qu'il y serait tué. Pour éviter cela, il s'en alla le trouver à la garde principale qu'il venait de placer mieux qu'on n'avait pu le faire la nuit, et lui dit ce qu'il croyait qu'on pouvait entreprendre de garder, étant impossible de le faire jusques aux lieux où étaient les troupes.

« Rambures dit qu'il voulait voir ce que Fabert avait vu. Pour l'en empêcher, il lui dit qu'il croyait lui avoir donné sujet d'avoir créance en lui et de lui confier la disposition d'une garde. Rambures repartit qu'il avait fait son devoir d'aller voir partout, et qu'il ferait le sien en en faisant de même. Fabert dit qu'il était si las, ayant marché à pied toute la nuit, qu'il ne pourrait, sans s'être délassé, le mener partout où il avait été. Sur l'offre de le porter en croupe, il le pria de remettre la chose à quelques heures. Rambures se mit en chemin; lui, le coupa en montant par une vigne, et l'attendit à l'entrée de celle où il croyait qu'il serait tué, et, pour l'empêcher d'y entrer, il lui dit : « Je vous « confesse que tout ce que j'ai fait a été pour vous « empêcher d'entrer là-dedans. J'ai dans la fantaisie

« que si j'y vais, je n'en reviendrai pas; je vous « conjure de ne me donner pas le déplaisir de me « hasarder pour une chose qui n'est d'aucune im- « portance. » Rambures s'opiniâtra, et dit qu'il voulait y aller, ainsi que Fabert y avait été, qu'il était important qu'il reconnût le lieu, et qu'il voulait le faire, mais qu'il irait seul et mettrait pied à terre dedans le lieu. Lors Fabert lui dit : « Je ne vous « ai jamais résisté en rien. Tout ce que j'ai fait au- « jourd'hui a été par la crainte que vous vinssiez ici. « Lorsque j'y ai été, je ne sais pourquoi je me suis « mis en tête que vous y viendriez et y seriez tué. « Cela me travaille infiniment. »

« Lorsqu'ils furent arrivés tout contre le fossé du château et qu'ils eurent tout vu, Rambures dit : « Retournons. » Ils prirent un chemin enfilé, ne pouvant faire autrement, et comme ils eurent fait quelques pas, Rambures dit à Fabert qui marchait derrière lui afin de le couvrir : « Eh bien! vous n'êtes pas prophète : je ne suis pas tué. » Fabert lui répondit : « Nous ne sommes pas encore hors « d'ici. Ma crainte n'est pas passée. Dieu veuille « qu'elle soit vaine! »

« Ils avaient chacun un pourpoint blanc, Rambures, un de toile piquée, et Fabert, un de satin coupé par bandes bordées de tavelles d'or et d'argent. A peine avaient-ils achevé, que, du château, l'on tira deux coups dont l'un passa entre le corps et le bras gauche de Fabert, lui coupant deux bandes de son pourpoint, et entra dans l'épaule droite de Rambures où le sang parut à l'instant. Il lui demanda où la balle sortait; il dit : « Sous la « mamelle. » Cela toucha sensiblement Fabert qui aimait fort tendrement Rambures; et il croyait n'avoir pas fait ce qu'il devait pour l'empêcher d'aller en ce lieu-là; il l'aida à monter à cheval, et y monta en croupe pour l'empêcher d'en tomber, s'il lui arrivait faiblesse par le chemin. Rambures le pria de ne songer point à lui, qu'il ne pourrait lui être utile en rien, qu'il fallait laisser aux chirurgiens le soin de le guérir, que celui qu'il prendrait de faire servir le régiment avec réputation devait être pour lui chose plus obligeante. Mais Fabert ne le put. Une fièvre violente le prit, entendant la messe à une heure de là, dont il pensa mourir. Il fut porté dedans la ville qui se rendit et Rambures aussi qui fut guéri plus tôt que lui et servit à l'armée. » Transporté à Château-Dauphin, Fabert ne tarda pas à se guérir. A sa rentrée en France, il fut pourvu par le roi, avec l'agrément du duc d'Épernon, qu'il prit soin de consulter, d'une charge de capitaine au régiment de Rambures, sans préjudice de celle de sergent-major (1631).

L'ambition de Fabert n'était pas encore satisfaite. Déjà il aspirait à s'élever jusqu'au gouvernement d'une place forte importante. Un des meilleurs moyens à employer dans ce but, lui parut être de lever à ses frais un régiment d'infanterie, que sa composition choisie ferait rechercher par le roi à l'égal des *vieux corps*. De graves dissentiments survenus entre son père et lui l'ayant amené à renoncer à l'héritage du maître échevin, il crut à propos de demander à un mariage honorable qui lui était proposé, les ressources dont il avait besoin pour l'accomplissement de son dessein. Toutefois, au moment de contracter cette union, la dot sur laquelle il avait compté fut notablement réduite..

Antérieurement à son mariage avec Claude de Clevant, qui eut lieu en octobre 1631, Fabert avait pris en bail de son père, les forges de Moyeuvre dans le Barrois. Grâce à des travaux de réparation exécutés sur ses propres plans, l'exploitation de cette usine, facilitée par l'apport de sa femme, ne tarda pas à lui procurer des bénéfices considérables. C'est encore en 1631 que Fabert pénétra, déguisé en paysan, dans la place lorraine de Moyenvic, pour en opérer la reconnaissance par ordre du roi.

En 1632, il eut part aux travaux d'investissement de Trèves, alors aux mains des Espagnols. Nous le trouvons en 1633, toujours avec le régiment de Rambures, dans le corps de troupes appelé à diriger contre Nancy un simulacre d'attaque sur lequel le roi comptait pour décider le duc Charles IV à lui remettre cette place.

Il assista, en 1634, au siège de Bitche, puis à celui de la Mothe, où il se distingua dans la conduite d'une tranchée d'attaque. En septembre de la même année, le roi lui enjoignit de seconder le lieutenant du guet de Paris dans la recherche du complice d'un soldat accusé d'avoir voulu attenter à la vie du cardinal de Richelieu.

Cette mission à peine terminée, un nouvel ordre l'envoyait reconnaître la place espagnole de Thionville. Il venait de passer la Moselle à la nage et d'aborder les remparts lorsqu'il aperçut le gouverneur et son escorte; quelques soldats s'emparèrent de lui et le conduisirent d'abord dans une hôtellerie où il fut mis au secret sous la surveillance d'un sergent et de quelques hommes, puis à Luxembourg où il subit un long interrogatoire. Louis XIII, instruit de l'affaire, fit savoir à Don Antonio Pimentelli, ambassadeur d'Espagne à Paris, que l'on réservait à Don Juan de Menessès, capitaine général du comté de Roussillon et gouverneur de Perpignan, arrêté près de Leucate qu'il était venu reconnaître sous un déguisement, le traitement qui serait appliqué à Fabert. Cette démarche ne tarda pas à être suivie d'effet : dans les premiers jours de janvier 1635, Fabert, prisonnier depuis cinq mois, était relâché par ordre du gouverneur des Pays-Bas.

Après avoir exercé pendant quelques mois le commandement de Metz, sous l'autorité du cardinal de la Valette, récemment nommé gouverneur de la ville et du pays messin, Fabert alla remplir la charge d'aide de camp dans l'armée franco-suédoise placée sous les ordres de ce prélat, et destinée à être opposée au delà de la Saar à celle que le comte Galas commandait pour l'empereur Ferdinand II.

A la marche en avant de la Saar sur le Rhin (par Saarbruck, Deux-Ponts et Bingen), vers Mayence, par laquelle s'ouvrit cette campagne, la première de la période française de la guerre de Trente ans, succéda une retraite de 14 jours (par Kreuznach, Birkenfeld et Vaudrevange) que les amis de Fabert contribuèrent à empêcher de tourner à la déroute. Il partagea avec le colonel écossais Hébron, l'honneur de la journée de Vaudrevange où l'arrière-garde de l'armée, en culbutant un corps de cavalerie impériale, mit définitivement les alliés hors de poursuite (27 septembre 1635).

Lorsque Fabert rentra à Metz, la peste y sévissait avec violence. Tous ses efforts tendirent à en atténuer les ravages. Dès qu'il crut avoir rempli, sous ce rapport, les devoirs que lui imposait, vis-à-vis de ses concitoyens, le commandement provisoire dont il était pourvu, il vint reprendre du service auprès du cardinal de la Valette, mais sans recevoir d'emploi précis. Les Impériaux s'étant avancés en Lorraine ne tardèrent pas, à leur tour, à rétrograder (22 et 23 novembre 1635). Fabert entra des premiers dans leur camp de Maizières-lès-Vic qu'ils avaient abandonné, et empêcha généreusement ceux qui l'accompagnaient de se venger sur les malades et les blessés des barbares traitements que les Croates avaient fait subir aux traînards de l'armée du roi, pendant la récente expédition de Mayence.

Son retour à Metz fut signalé par la découverte qu'il y fit d'un complot tramé en faveur du duc de Lorraine. Vers la fin de cette année (1635) si bien remplie, un projet qu'il soumit au roi pour l'enrégimentation de la cavalerie reçut un commencement d'exécution.

La confiance du roi était désormais acquise à Fabert. Richelieu, de son côté, l'associait à la préparation des opérations militaires. Dans les premiers mois de 1636, le cardinal de la Valette lui dut de pouvoir ravitailler facilement Colmar, Schlestadt et Haguenau. Quand le colonel Hébron, avec cinq à six cents chevaux, mit en déroute près de Molsheim la cavalerie croate du colonel Ludovic, il était en tête de la petite troupe. Il marcha plus tard avec le détachement que la Valette envoya rejoindre devant

Saverne le corps suédois du duc Bernard de Saxe-Weymar. L'ancien lieutenant de Gustave-Adolphe avait déjà essuyé devant cette place deux sanglants échecs, quand il se décida à adopter, sur la proposition de Fabert, le mode d'attaque qui devait lui permettre de s'en emparer (14 juillet).

Vers la fin de l'année 1636, Fabert fit partie du corps de secours que le maréchal de camp de Rantzau avait reçu l'ordre d'introduire dans Saint-Jean-de-Losne assiégé par Charles IV. A l'aide d'un travestissement de paysan, il réussit à pénétrer dans le camp lorrain, reconnut qu'on s'y gardait mal, et vint annoncer à Rantzau que le moment était favorable à une surprise. A la suite d'une vive attaque qui sema l'épouvante parmi les assiégés, le détachement trouva ouvertes les portes de la ville (3 novembre). Le lendemain, les assiégeants renforcés chassaient l'ennemi de ses lignes et le forçaient à la retraite.

Lors de la reprise des opérations, au printemps de 1637, Fabert revint servir, sans fonctions déterminées, auprès du cardinal de la Valette, appelé au commandement de l'armée de Picardie. On débuta par le siège de Landrecies où il rivalisa de science et d'adresse avec les ingénieurs les plus en renom de cette époque. A la tête des mineurs, il descendit de nuit dans le fossé plein d'eau de la place, et, malgré les grenades et les boulets de l'ennemi, réussit à établir des fourneaux de mine sous un bastion. Le tracé qu'il adopta, au siège de la Capelle, par les cheminements d'approche, constitue une sorte de rudiment de ces fameuses parallèles dont Vauban fit usage le premier, trente-six ans plus tard, au siège de Maëstricht. Après la reddition de la Capelle, le cardinal de la Valette joignit ses forces, vers Pont-sur-Sambre, à celles du duc de Candale venues de Maubeuge (9 octobre). Non seulement cette opération avait été conçue par Fabert, telle qu'elle s'effectua, mais il s'était dévoué jusqu'à fournir lui-même les moyens de l'exécuter.

L'hiver de 1637 à 1638 fut consacré par Fabert à porter remède à l'horrible famine qui désolait le pays messin. Hongrois, Croates, Polonais et Allemands avaient, par leurs ravages, forcé les habitants à se réfugier dans les bois. Il ordonna des distributions de grains dans les villages, d'après des indications fournies par les notables, et prit diverses mesures favorables à l'agriculture.

En avril 1638, il partait pour l'Italie avec le cardinal de la Valette qui avait mission de mettre à profit les bonnes dispositions à l'égard de la France, de la duchesse Christine de Savoie, sœur de Louis XIII, pour chasser les Espagnols du Montferrat, et, en cas de succès, pour porter la guerre dans le Milanais.

FABERT AU SIÈGE DE LANDRECIES.

La première opération de la campagne consistait à secourir la place de Verceil, sur la Sesia, assiégée par le marquis de Lleganez. Le conseil de guerre s'étant prononcé pour une attaque de la circonvallation par la rive droite de la rivière, Fabert combattit vivement cette détermination, mais une reconnaissance offensive, exécutée suivant le plan arrêté, ne tarda pas à lui donner raison, et aussitôt on se conforma à son avis qui était de gagner, par un mouvement tournant, la face opposée de la ville, sur la rive gauche.

Cette dernière manœuvre était à peine entamée que le conseil s'opposa à ce qu'elle fût poursuivie. Fabert proposa alors de jeter dans la place un secours de 2.000 hommes, ce qui s'effectua de nuit. Malheureusement, il ne put empêcher que l'armée, d'après la décision du conseil, repassât la Sesia pour reprendre ses premières positions. Tandis que les généraux qui ne partageaient pas sa manière de voir continuaient à discuter sur la direction à donner à l'attaque, Verceil ouvrit ses portes aux Espagnols (4 juillet).

Après la chute de cette place, Fabert rentra en France pour rendre compte à Richelieu des résultats des opérations, et demander des renforts et de l'argent. Quand il revint en Italie, quelques semaines après, il se signala par un brillant coup de main exécuté devant Pomaro, à la tête de quarante cavaliers, contre l'avant-garde de Don Francisco de Melos.

Avant la fin de l'année 1638, il fut appelé à Metz à la suite de la mort de son père, survenue le 24 août, mais Richelieu ne l'y laissa pas séjourner longtemps. L'ombrageux cardinal craignait que sa présence dans cette place ne favorisât le dessein que l'on prêtait alors au duc de la Valette et aux autres membres de la famille d'Épernon, y compris le cardinal de la Valette, de s'en emparer par surprise. Ce ne fut qu'après avoir entendu les loyales explications de Fabert, qu'il l'autorisa à retourner en pays messin pour sauvegarder ses intérêts dans le règlement de la succession paternelle.

Cependant, la défiance de Richelieu s'étant ravivée peu après, Fabert fut de nouveau mandé à la cour (mars 1639). Il repartit de Paris (avril) pour rejoindre en Piémont le cardinal de la Valette. Il allait exercer, pour la première fois, la charge de sergent de bataille qui lui avait été promise plus de trois ans auparavant, et dont le brevet venait de lui être expédié (janvier).

Il arriva à Turin, la veille du jour où le cardinal de la Valette accourait au secours de cette place menacée par le marquis de Lleganez et le prince Thomas de Savoie. Après avoir participé à sa mise en état de défense, il décida le cardinal à investir Chivasso qui se rendit le 29 juin 1639.

Sur ces entrefaites, l'ennemi s'empara de Turin dans une surprise de nuit. A l'attaque ordonnée par le cardinal de la Valette pour la reprise de la capitale du Piémont, Fabert fut dangereusement blessé à l'assaut d'une barricade et transporté aussitôt à Pignerol. De là, après sa guérison, il se rendit à Lyon où se trouvaient le roi et Richelieu qu'il accompagna à Grenoble. Il remit au premier ministre des mémoires détaillés sur l'état de l'armée d'Italie, sur les derniers événements militaires dont le Piémont avait été le théâtre et sur les opérations qu'il croyait utile d'y poursuivre ultérieurement.

Tandis qu'il se préparait à revenir en Italie, un courrier apporta à la cour la nouvelle que le cardinal de la Valette était tombé malade. Fabert quitta Grenoble le 28 septembre. Ce jour-là même, le cardinal mourait à Rivoli. Les soupçons que Richelieu avait fait peser sur la fidélité du malheureux prélat et contre lesquels Fabert s'était efforcé de le défendre, avaient peut-être contribué à hâter sa fin.

Fabert n'en continua pas moins sa route vers Rivoli. Dès qu'il eut réglé les affaires particulières du cardinal de la Valette, il retourna à Grenoble, où Richelieu, après avoir déploré en termes émus la perte de leur ami commun, sollicita son dévouement en échange de l'amitié et de la protection qu'il lui accordait.

Quelques jours après, Fabert était nommé capitaine au régiment des Gardes françaises (17 octobre) et repartait pour le Piémont. Il termina la campagne sous les ordres du comte d'Harcourt, en prenant une part active au siège de Chiers et à l'important combat de la Rota. Au commencement de décembre, sur un ordre de Richelieu, il revint à Paris.

Dans le plan de campagne concerté entre le cardinal et Fabert pour l'année 1640, le siège d'Arras était l'opération décisive à diriger contre les Pays-Bas espagnols. Le capitaine aux Gardes ne crut pas déroger à son rang, en allant reconnaître lui-même, travesti en paysan, les fortifications de la capitale de l'Artois. Le siège une fois commencé, il réussit à faire plusieurs voyages, malgré la surveillance exercée par les Espagnols, entre le camp et les villes où séjournait la cour, pour porter les ordres de Richelieu et l'éclairer ainsi que le roi sur les progrès de l'attaque. Quand la place se rendit (8 août), Louis XIII dit à ceux qui l'entouraient en montrant Fabert : « Sans ce brave homme-là, je ne serais pas maître d'Arras. »

Au commencement de l'année 1641, Richelieu donna à Fabert une nouvelle preuve de sa confiance en le chargeant de conduire sous escorte, de Vincennes à Nancy, le célèbre partisan Jean de Werth qui devait être rendu à la liberté par échange avec le feld-maréchal suédois Gustave Horn.

Lors de la reprise des opérations militaires (mai), Fabert servit d'abord comme sergent de bataille à

JEAN DE WERTH.

l'armée de Picardie. Le cardinal l'en fit partir pour rejoindre le maréchal de Châtillon qui devait délivrer Sedan où le duc de Bouillon, le comte de Soissons et le duc de Guise appuyés sur l'Espagne se préparaient à la guerre civile. Au moment où le général vallon Lamboy, après avoir joint ses forces à celles de ses alliés, se disposait à franchir la Meuse, Fabert décida Châtillon à se porter sur une bonne position, à la fois offensive et défensive, voisine du bois de la Marfée, et propre à paralyser les desseins de l'ennemi. Mais le maréchal, habituellement irrésolu, ayant retardé sa marche, les confédérés occupèrent ce terrain. L'affaire bien engagée aurait pu, cependant, tourner à l'avantage des troupes du roi, si une partie de la cavalerie n'avait pas tourné bride et donné le signal d'une panique générale. En vain, Fabert, dans une charge héroïque, à la tête de 220 maîtres, tenta de rallier les fuyards : la bataille était définitivement perdue (6 juillet); du moins ses conséquences désastreuses furent-elles en partie conjurées par la mort du comte de Soissons.

Peu après la bataille de la Marfée, Fabert conduisait une attaque au siège de Donchery. Une attaque lui fut également confiée au siège de Bapaume. Il ne trouvait pas indignes de lui les importantes fonctions d'ingénieur jusque-là dévolues à des officiers moins considérés que les autres.

Les derniers jours de l'année 1641 furent consacrés par Fabert à son bienfaiteur, le vieux duc d'Épernon, relégué à Loches où il expiait la prétendue complicité de son fils le duc de la Valette avec les factieux de Sedan. Après l'avoir lavé d'une accusation d'attentat contre la personne du roi et celle de Richelieu, il l'assista à ses derniers moments (janvier 1642).

Lorsque Louis XIII et le cardinal se dirigèrent, en mars 1642, sur Narbonne, lieu de rassemblement des troupes destinées à opérer en Roussillon, Fabert les y suivit avec sa compagnie aux Gardes. Au siège de Collioure, il débusqua les Espagnols d'une position située sur les abords de la place. Quand le roi se transporta, avec sa suite, de Narbonne au camp sous Perpignan (21 avril), il l'escorta avec sa compagnie. Pendant ce trajet, il fut abordé par le jeune Henri d'Effiat, marquis de Cinq-Mars, qui osait compter sur sa complicité dans la trame ourdie alors, pour le renversement de Richelieu, entre le frère du roi, Gaston d'Orléans, et le duc de Bouillon, Frédéric-Maurice, de connivence avec l'Espagne. Aux avances que lui fit le traître, il se borna à répondre : « J'ai pour maxime « d'entrer dans les intérêts de mes amis, jamais dans « leurs passions; quiconque me méprise au point « d'exiger de moi quelque chose contre mon honneur « et ma conscience, me dispense, par une pareille « insulte, des égards et de la considération que je lui « dois. » Là-dessus, il s'efforça de persuader à Augustin de Thou, qu'il savait mêlé, par son fatal ami, le Grand Écuyer, aux intrigues nouées contre le cardinal, que le seul moyen de se soustraire au danger suspendu sur sa tête, était de se retirer au plus vite en Italie.

Une scène violente entre Fabert et Cinq-Mars survint en présence du roi, après l'arrivée au camp sous Perpignan; le Père Barre la rapporte en ces termes : « Un matin que Fabert rendait au roi un compte exact de ce qui s'était passé au siège, celui-ci prit ses plans et ses crayons, et dessina, selon la coutume, les nouveaux ouvrages pour les mieux connaître. Le Grand Écuyer, qui était dans l'appartement du roi, osa tourner en ridicule quelques réflexions de Fabert. Le roi dit à Cinq-Mars : « Vous avez sans « doute passé la nuit à la tranchée, puisque vous « parlez si savamment. » — « Sire, — répondit Cinq-« Mars, — vous savez le contraire. » — « Allez, — « répliqua le roi, — vous m'êtes insupportable, vous « voulez que l'on croie que vous passez les nuits à « régler avec moi les grandes affaires de mon « royaume, et vous les passez dans ma garde-robe à « lire l'Arioste avec mes valets de chambre; allez, « orgueilleux, il y a six mois que je vous vomis. » Le Grand Écuyer fut obligé de sortir, et l'œil étincelant de fureur, il dit à Fabert : « Monsieur, je vous « remercie ». — « Que vous dit-il ? — s'écria le roi. — « Je crois qu'il vous menace. » — « Non, Sire, — ré-« pondit Fabert, — on n'ose faire des menaces en

« présence de Votre Majesté, et, ailleurs, on n'en « souffre pas. »

Dès lors, la panique gagna les amis du Grand Écuyer. Les chances commençaient à tourner en faveur de Richelieu. « Louis XIII — a écrit encore le Père

CINQ-MARS, GRAND ÉCUYER DE FRANCE.

Barre — s'adressant un jour à Fabert, lui dit : « Je « sais que mon armée est partagée en deux factions, « celle des royalistes et celle des cardinalistes; de « quel parti êtes-vous, Fabert? — Sire, du dernier, « — répondit-il, — car je connais si bien les talents « de Monsieur le cardinal, et je suis si convaincu de

« sa fidélité et de son zèle pour votre service, que je « lui étais attaché, lors même qu'il paraissait me « haïr. »

Le roi, après avoir un peu rêvé, répliqua : « Il « est vrai que le cardinal de Richelieu m'a rendu « des services importants; il n'est pas juste que des « bagatelles me les fassent oublier. » Là-dessus, pour la première fois, peut-être, le roi songea sérieusement à secouer le joug de son favori. Quelques jours plus tard (12 juin), ayant reçu la copie du traité secret conclu avec l'Espagne, il fit arrêter Cinq-Mars et de Thou, et expédier l'ordre de se saisir du duc de Bouillon qui commandait en chef en Italie.

La nouvelle de ce grave événement parvint à Fabert au camp devant Perpignan, qu'il avait rejoint à l'époque où la cour était retournée à Narbonne. Il eut ordre de se rendre auprès du roi, à Montfrin, avec les compagnies des Gardes françaises qui avaient pris part au siège. A peine y était-il arrivé qu'on lui commanda de se diriger sur Lyon. Après un repos de quelques jours dans cette ville, il en repartit avec le roi (juillet) qui s'acheminait vers Fontainebleau.

Suivant les instructions qu'il reçut en route, il alla s'emparer de Trévoux, capitale du pays de Dombes, qui pouvait servir de refuge au duc d'Orléans. Sur ces entrefaites, un nouvel ordre le renvoya en Roussillon, où il assista à la reddition de la ville (9 septembre). Trois jours après, Cinq-Mars et de Thou sortaient de leur prison de Pierre-Encize pour monter à l'échafaud. Le plus criminel des conjurés, Gaston d'Orléans, restait impuni après avoir trahi ses amis. Quant au duc de Bouillon, il avait été arrêté au

FRANÇOIS DE THOU.

milieu de ses troupes et enfermé avec ses complices. La crainte du dernier supplice lui fit renoncer en faveur du roi à ses domaines de Sedan, Raucourt et Saint-Menges.

Avant même de connaître le dénouement du procès du duc de Bouillon, Richelieu s'était préoccupé du choix d'un gouverneur pour la principauté de Sedan.

Il n'en avait trouvé aucun plus capable que Fabert de rallier au roi les calvinistes des Terres-Souveraines, en leur faisant oublier, par une sage administration et un esprit conciliant, la domination paternelle et libérale de leurs souverains héréditaires. Aussi, dès que le roi eut agréé ce choix, Richelieu s'empressa-t-il d'appeler Fabert auprès de lui. C'est au château de Marcigny, entre Roanne et Digoin, que le capitaine aux Gardes apprit de la bouche du cardinal sa nomination de gouverneur de la ville, du château et de la principauté de Sedan (19 septembre).

Le cardinal Mazarin arriva, le 29 septembre, dans la place, pour y faire exécuter le traité imposé au duc de Bouillon. Fabert y entra, le même jour, à la suite du délégué du roi. Le lendemain, des salves d'artillerie annoncèrent aux Sedanais que le nouveau gouverneur prenait possession de son poste.

CHAPITRE II

(1642-1652)

Le Conseil souverain de Sedan. — Mouvements séditieux. — Édit en faveur des catholiques sedanais. — Fabert, maréchal de camp. — Les Sedanais prêtent le serment de fidélité au roi. — Fabert fait prisonnier par un parti espagnol, près de Roses. — Est appelé à siéger dans les Conseils du roi. — Prend part au siège de Porto-Longone. — Assure la sécurité de Sedan. — Donne de l'extension à la fabrication des draps. — Restaure les fortifications. — Ses rapports avec le comte de Chavigny. — Emmène à Sedan les nièces de Mazarin. — Mazarin demande à Fabert de lui faire livrer Turenne. — Fabert lieutenant général. — Vient en aide aux pauvres habitants de la Champagne. — Traité d'échange de la principauté avec le duc de Bouillon. — Fabert accompagne, à la sortie de Sedan, Mazarin dans sa fuite vers Brühl. — Fait partie de l'association contre les duels fondée par le Père Olier. — Mazarin se rend de nouveau à Sedan. — Fabert éclaire Turenne sur les mouvements des Espagnols et du prince de Condé.

Le gouvernement de Sedan était tout à fait propre à fournir à Fabert les moyens d'exercer les talents administratifs dont il avait déjà donné des preuves dans le commandement provisoire de Metz.

Dès le début, il se heurta à la résistance de la population et des fonctionnaires hostiles à tout changement, les uns et les autres se croyant sérieusement menacés dans leurs anciens privilèges par les pouvoirs militaire et judiciaire très étendus qu'il devait à Richelieu. Les exhortations et les mesures pleines de modération auxquelles il eut recours pour désarmer les opposants, particulièrement les magistrats et les membres du Conseil souverain de Sedan, n'eurent pas les effets qu'il en attendait. Bientôt, il ne vit d'autre parti à prendre que de sévir contre les plus turbulents.

La lettre qu'il adressa à Louis XIII pour expliquer les actes de rigueur par lesquels il avait réprimé ces mouvements séditieux, arriva à la cour le jour où Richelieu rendait le dernier soupir (4 décembre). Il sut trouver de nobles paroles dans l'expression des condoléances qu'il s'empressa d'envoyer au roi à cette occasion. Un instant, il put craindre que son dévouement au cardinal n'amenât sa disgrâce, mais une lettre où le roi ne lui ménageait pas les assurances de son estime affectueuse ne tarda pas à le tranquilliser. Déjà, il savait pouvoir compter sur l'appui de Mazarin qui venait de prendre, dans le Conseil, la place de Richelieu.

Malgré ses efforts pour obtenir la soumission des Sedanais récalcitrants, l'agitation continuait de plus en plus menaçante. Une catastrophe était imminente. Quelques meneurs envoyés au dernier supplice servirent d'exemple aux autres, et l'ordre parut de nouveau rétabli.

Le premier acte décisif de l'administration de

Fabert est un édit du 23 février 1643 inspiré par l'esprit de tolérance religieuse qui l'animait à un haut degré. Jusque-là, les calvinistes sedanais avaient usé, pour l'exercice de leur religion, de la liberté qu'ils proscrivaient chez leurs concitoyens catholiques. L'ordonnance rendue par Fabert faisait cesser l'humiliant traitement dont ceux-ci étaient devenus l'objet, et préludait à d'autres mesures dont le but était d'amener peu à peu les réformés des Terres-Souveraines à se plier aux lois communes à tous leurs coreligionnaires de France. La réaction qui s'opéra alors en faveur du culte catholique restauré, fut secondée par des religieux de la maison de Saint-Lazare, envoyés à Sedan, sur la demande du gouverneur et d'après les ordres du roi, par le vénérable Vincent de Paule.

Sur ces entrefaites, mourut Louis XIII (14 mai). Par un des derniers actes de sa volonté royale, il avait conféré à la mission lazariste la desserte de la cure de Sedan.

Le retour du duc de Bouillon à la cour après la mort du roi, et ses instances auprès de la reine régente, Anne d'Autriche, pour rentrer en possession des Terres-Souveraines, n'étaient pas faits pour calmer l'effervescence des calvinistes de Sedan. Il fallut l'emploi de la force armée et des ordonnances extrêmement sévères pour réprimer une nouvelle émeute. Dans cette circonstance, Fabert trouva aide auprès du premier des magistrats sedanais, le sieur de Réal, que son dévouement à la personne de Frédéric-Maurice n'aveuglait pas sur les conséquences désastreuses, pour les habitants de la principauté et même pour les intérêts du duc, des excès auxquels se livraient quelques mécontents exaltés.

Rien ne fut changé par la mort du roi à la situation de Fabert dans son gouvernement. Il se montra, il est vrai, vivement préoccupé de son avenir, lorsqu'il vit l'autorité de Mazarin menacée par les Importants, mais, avant même que cette cabale fût dissipée, le cardinal s'empressa de le rassurer dans des termes qui témoignaient de sa ferme volonté de le maintenir à Sedan. Anne d'Autriche lui écrivit de son côté : « Je ne sais point qui sont les mauvais esprits qui ont voulu faire croire que j'eusse méfiance de votre fidélité. Je la tiens à l'épreuve de toutes sortes de choses, voire du mépris, et je vous considère comme un bon serviteur, étant obligé à la mémoire du feu roi mon seigneur, que je ne pourrais confier Sedan à personne qui, plus loyalement, le gardât au roi son fils. » En même temps, la régente lui fit connaître sa détermination irrévocable de conserver cette place à la couronne, et son intention de régler prochainement avec Frédéric-Maurice l'échange de la principauté contre d'autres domaines. Vers la fin de l'année 1643, la reine proposa en effet au duc de lui fournir l'équivalent des Terres-Souveraines en terres démembrées du domaine royal, avec titre de Duché-Pairie.

Peu de temps après, Fabert prenait rang parmi les maréchaux de camp (4 février 1644). Si tardive qu'elle fût, cette récompense de vingt-cinq années de brillants services, venait à propos pour rehausser son prestige et affermir son autorité au milieu des Seda-

nais. Tandis qu'il s'occupait, d'accord avec Mazarin, des réformes à introduire dans son gouvernement, le duc de Bouillon était parti de Turenne et de là pour la Suisse, puis pour Rome, après avoir refusé à la reine de ratifier le traité de cession de ses domaines et repoussé tout dédommagement. Évidemment, le duc voulait se soustraire à l'obligation de tenir la parole qu'il avait donnée en prison, la tête sous le glaive. Peut-être aussi espérait-il trouver aide à l'étranger pour rentrer dans Sedan, de connivence avec ses anciens sujets. Quoi qu'il en soit, à la cour, on s'alarma de sa fuite, et le Conseil fit délivrer sans retard à Fabert une commission portant ordre de recevoir le serment de fidélité des Sedanais. Cette commission avait été précédée de lettres patentes qui maintenaient les habitants de la Principauté dans la jouissance de leurs libertés civile et religieuse. La prestation de serment eut lieu entre les mains du gouverneur avec un imposant apparat (28 avril).

Quelques jours après cette solennité qui avait revêtu le caractère d'une fête publique, un des plus ardents champions de la réforme et le plus illustre des calvinistes sedanais, Pierre du Moulin, rendait un hommage éclatant, dans l'épître dédicatoire suivante d'un de ses écrits, à l'esprit d'équité, à la loyauté et à la sagesse du gouverneur : « J'ai cru, Monsieur, que vous n'auriez pas désagréable si, pour honorer mon ouvrage, je lui mettais votre nom sur le front, afin qu'il serve de témoignage public de l'honneur que je porte à votre vertu. Car Dieu vous a doué d'un esprit excellent et d'une débonnaireté et droiture, laquelle vous conduisez par une singulière prudence. Nul ne s'adresse à vous qui n'en sorte grandement satisfait, et avez en peu de temps gagné les affections de tout le peuple. Cet État, après divers mouvements, par votre sage conduite, jouit de tranquillité. Ayant pour but le service de Leurs Majestés, vous vous y comportez en sorte que les deux religions logent ensemble en paix, et que les uns et les autres ont de l'émulation à vous aimer et honorer. Votre vigilance fait que nous dormons sûrement. Vous subvenez à nos craintes par votre pourvoyance. Ayant un esprit au-dessus des affaires, par un doux divertissement vous vous occupez à la lecture des bons auteurs, laquelle vous a acquis une grande connaissance ès affaires du monde et ès œuvres de Dieu. Toutes ces perfections, jointes avec votre valeur et vertu militaire, qui vous a acquis tant de louanges, fait que, parmi les agitations de la guerre et la multitude d'affaires, vous agissez avec facilité et conservez la tranquillité de votre esprit. Bref, Dieu vous a mis pour un exemple qui fait voir ce que peut un excellent naturel joint à une grande expérience. Ces considérations nous obligent à vous aimer et à vous rendre obéissance, et à prier Dieu pour votre prospérité et conservation. J'y apporterai mes vœux et prières pendant qu'il me restera quelque respiration. »

L'édit de Rueil (30 juin) fut la réponse de la régente à l'acte de soumission des Sedanais. Il confirmait aux Terres-Souveraines leurs chartes et coutumes, toutes les juridictions existantes et l'immunité des tailles, aides, gabelles et autres impositions. L'article concernant les réformés mettait leurs libertés hors d'atteinte. Ce grand bienfait cimenta définitivement la concorde des partis et assura au gouverneur dont la généreuse initiative l'avait provoquée, la gratitude et le dévouement de tous les citoyens.

Fabert ne bornait pas ses soins vigilants au maintien de l'ordre intérieur dans son gouvernement : il se préoccupait aussi de la sûreté extérieure des Terres-Souveraines. Le régiment qu'il créa dans ce but, en 1644, était une sorte de milieu composé de volontaires recrutés, soldés et entretenus suivant des règles nouvelles, dont l'application, si elle avait pu être généralisée dès cette époque, aurait amené promptement la suppression de la vénalité des compagnies et des régiments, c'est-à-dire d'un abus qui enrayait depuis longtemps, d'une manière grave, les progrès de l'organisation des armées. A peine formé, ce régiment se distingua dans les sanglantes journées de Fribourg, au point de mériter les éloges du duc d'Enghien. Appelé à Paris par Mazarin à la fin de l'année 1644, pour donner son avis sur la direction à imprimer aux opérations militaires au delà des Pyrénées, il se prononça pour une action décisive en Catalogne et pour le siège de l'importante place maritime de Roses. Non seulement les propositions qu'il fit à ce sujet reçurent l'approbation du cardinal, mais il eut mission d'entamer sans retard les préparatifs nécessaires pour leur prompte exécution, tant au point de vue de l'organisation

FABERT EST FAIT PRISONNIER PAR LES ESPAGNOLS.

du matériel que de la concentration des troupes.

Quand tout fut prêt pour l'expédition, il rejoignit (1646) à Narbonne le comte du Plessis-Praslin sous les ordres duquel il devait servir comme maréchal de camp au siège de Roses, et le comte d'Harcourt qui exerçait le commandement en chef en Catalogne. Comme il importait, avant tout, d'empêcher l'ennemi de se jeter sur les détachements français, au fur et à mesure qu'ils déboucheraient dans la plaine de Lampourdan pour gagner un point de rassemblement, du Plessis-Praslin donna l'ordre à Fabert de se mettre à la tête d'une avant-garde qui servirait de point d'appui aux différents corps de l'armée aussitôt après leur passage. Mais un parti de cavalerie ennemie sorti de Roses fondit à l'improviste sur la petite troupe chargée d'ouvrir la marche, et fit prisonnier Fabert avec son escorte. Les démarches tentées alors par la reine régente pour échanger Fabert contre un Espagnol de marque n'ayant pas abouti, l'infortuné maréchal de camp resta confiné dans Roses pendant toute la durée du siège. Il n'en contribua pas moins au succès définitif des armes françaises en usant habilement de l'influence qu'il parvint à exercer sur le gouverneur de la place, pour faire tourner à l'avantage des assiégeants les mesures prises par les assiégés. Le 28 mai fut signée la capitulation qu'il avait rédigée lui-même et dont un des articles stipulait sa liberté. Quand le comte d'Harcourt en fut informé, il écrivit à Le Tellier : « Il faut que je vous avoue que la considération de la liberté de M. de Fabert a augmenté la joie que j'ai reçue du succès du siège de Roses. Vous savez, Monsieur, que j'ai besoin, par deçà, de gens faits comme lui, c'est pourquoi je m'en servirai, si ce n'est que je reçoive de votre part quelque ordre contraire. » Mais, déjà, le roi avait ordonné à Fabert de quitter l'armée.

A son retour à Sedan, il fit justice de perfides imputations qui le représentaient comme abusant de son autorité, et fut appelé à siéger dans les Conseils du roi.

Fabert passa la première moitié de l'année 1646 à prendre des dispositions pour mettre les habitants de la principauté à l'abri des ravages des bandes lorraines de Charles IV et des incursions des Luxembourgeois, et pour leur procurer le plus de sécurité possible. Au mois d'août, il fut mandé à Fontainebleau et invité à donner son avis sur la campagne qui allait se rouvrir, en Italie, sur le territoire des Présides de Toscane. Sa place était nécessairement marquée comme maréchal de camp dans l'expédition commandée par les maréchaux de la Meilleraye et du Plessis-Praslin. Après avoir contribué, par une reconnaissance audacieuse, à hâter la reddition de

Porto-Longone, dans l'île d'Elbe, il fut rappelé à la cour d'où il retourna à Sedan dans les premiers jours de janvier 1647.

A l'année 1646 se rapporte une importante mesure prise par Fabert pour l'extension et le perfectionnement de la fabrication des draps, branche d'industrie dans laquelle les Sedanais s'étaient essayés dès 1618. Trois fabricants de Paris ayant fondé (en 1644) une manufacture de draps, façon Hollande, il leur concéda des terrains spacieux et commodes pour une installation nouvelle. Ces associés s'adjoignirent bientôt un Sedanais habile dans l'art de fabriquer les draps, Abraham Chardron. Dès lors, les draps de Sedan rivalisèrent, pour la beauté et la finesse, avec ceux des pays voisins.

Ce n'était pas sans faire des avances considérables sur ses ressources personnelles, que Fabert avait organisé le régiment sedanais, et pourvu à certaines dépenses pressantes commandées par la sûreté de la place. En vain, il sollicitait Mazarin de le dédommager de ses sacrifices : les coffres de l'épargne étaient vides; le cardinal multipliait, sans les tenir, les promesses de remboursement. Il fallut l'entremise du comte de Chavigny, rentré au Conseil du roi comme ministre d'État, après quelques mois de disgrâce, et avec lequel il avait noué des rapports intimes, pour qu'il obtînt la restitution d'une partie de ce qui lui était dû.

La restauration des fortifications de Sedan constituait la source de dépenses la plus importante à laquelle Fabert eût à faire face. Il réussit à obtenir des bourgeois de Sedan l'établissement d'un droit d'octroi dont les revenus devaient être employés à cet objet. Lui-même d'ailleurs avait donné l'exemple de son dévouement aux intérêts de l'État, en s'engageant à élever, de ses propres deniers, une notable partie des fortifications de la place. A ses amis et ses parents qui lui représentèrent que cette charge si lourde absorberait peut-être sa fortune et celle de ses enfants, il répondit, tout pénétré du sentiment d'abnégation patriotique dont il s'était inspiré dans sa détermination, que « si, pour empêcher qu'une place « que le feu roi lui avait confiée ne tombât au pou- « voir des ennemis, il fallait mettre à une brèche qu'il « verrait faite, sa personne, sa famille et tout son « bien, il ne balancerait pas un instant à le faire[1] ».

Au moment de la reprise des opérations en 1648, Fabert fut demandé par le maréchal de Gramont pour servir en Flandre sous le prince de Condé. Mais sa santé, très ébranlée à la suite de la campagne de 1646, ne lui permettait pas d'affronter de pareilles fatigues; il ne s'éloigna de Sedan que pour se rendre

1. Telles sont à peu près les paroles qui ont été inscrites sur la plaque de bronze incrustée dans le socle de pierre de la statue de Fabert, élevée à Metz sur la place d'armes, en 1842.

aux eaux de Bourbonne où il avait fait un premier séjour en 1647.

A quelques semaines de là, une émeute populaire, suscitée par les velléités d'émancipation politique du Parlement, préludait à la sanglante comédie de la Fronde. Le duc de Bouillon fut un des premiers à entrer dans le mouvement. Sur ces entrefaites, eut lieu l'arrestation du comte de Chavigny, que Mazarin soupçonnait d'être un des inspirateurs du parti frondeur, et qu'il considérait comme un dangereux rival; mais les instances de Fabert, non moins que les démarches du Parlement, ne tardèrent pas à amener son élargissement (octobre).

Vers la fin de 1648, Fabert se trouvait à la cour. Le roi s'étant réfugié à Saint-Germain dans les premiers jours de 1649, c'est probablement de là que Fabert partit pour amener à Sedan le neveu et les nièces de Mazarin. A son arrivée dans son gouvernement, il prit immédiatement des mesures pour empêcher toute communication des habitants, d'une part avec le duc et la duchesse de Bouillon, de l'autre avec les Frondeurs. De plus, un règlement de discipline militaire (31 mars) où tout était prévu pour éviter les surprises du dehors, fit participer les milices bourgeoises de la principauté à la défense locale; il était d'autant plus urgent de le publier que le duc avait commencé à traiter avec les Espagnols pour rentrer dans Sedan les armes à la main, et que son frère, le maréchal de Turenne, venait de se rallier à la cause des Frondeurs.

Quand il revint à Sedan, ce fut pour en faire sortir le baron de Mygène, lieutenant de roi, coupable d'avoir noué des relations avec le duc de Bouillon dans le but de lui livrer la place. Il ne rendit pas un moins grand service aux Sedanais en détournant de Mézières les troupes allemandes du lieutenant général weymarien d'Erlach, répandues en Champagne et redoutables par leurs excès, et en leur facilitant le passage de la Meuse en amont de Sedan. Au milieu des angoisses qu'avait fait naître en lui la crainte de voir Sedan livré au pillage, et la prospérité des Terres-Souveraines pour longtemps compromise, il écrivait au comte de Chavigny : « Nous sommes en un temps auquel les gens de bien pâtissent, et ils sont obligés de faire des efforts que Dieu rendra utiles, s'il lui plaît; il me semble que c'est de lui qu'on doit attendre le remède aux maux qui nous menacent, n'étant plus au pouvoir d'aucun homme d'y en apporter. » Quelque temps après, Mazarin fit confirmer dans leur intégrité aux habitants des Terres-Souveraines leurs privilèges et franchises, et notamment l'exemption du logement des gens de guerre.

La plupart des événements auxquels Fabert avait été mêlé en 1649, furent l'objet de la correspondance qu'il entretenait avec Chavigny. Un rapprochement entre ce dernier et Mazarin lui semblait possible, mais il tenta vainement de l'obtenir. Du moins disposa-t-il le cardinal à se relâcher un peu de la dureté qu'il montrait pour l'ancien confident de Richelieu, en le laissant revenir à Paris.

Délivré des soldats d'Erlach, d'une fidélité douteuse, Fabert se rendit à la cour dans les premiers jours de 1650. La crainte d'être mêlé de trop près aux intrigues des partis aux prises, l'en avait tenu éloigné à la fin de l'année 1649. Il s'y trouvait lors de l'arrestation du prince de Condé et des ducs de Conti et de Longueville, et du départ de Chavigny qui était de nouveau relégué en province. Après le coup de force, signal de la Fronde militaire, Mazarin, tout en affectant de considérer Turenne comme hors d'état de nuire, ne craignit pas de demander à Fabert, dans les termes suivants, de mettre la main sur sa personne : « Si vous trouvez quelque homme assez zélé et assez hardi pour entreprendre de nous mettre entre les mains M. de Turenne, outre la gloire que ce lui serait d'avoir fait un coup si important à l'État, on lui donnerait telle somme d'argent ou telle récompense dont vous seriez convenu avec lui. Vous vous y pouvez engager librement sur la parole que je vous donne de la part de la reine, que l'on approuvera tout ce que vous ferez. » Nous ignorons la réponse que le gouverneur de Sedan fit au cardinal, et s'il se prêta à ce qu'on désirait de lui, mais il continua à renseigner la cour sur les moindres mouvements du maréchal et des autres Frondeurs retirés dans la place forte de Stenay.

Dès lors, les places de la frontière de Champagne furent, jour et nuit, sur le qui-vive. A plusieurs reprises, l'ennemi donna l'alarme à Sedan dont les habitants se crurent menacés d'un investissement. Après avoir traité avec les Espagnols pour la liberté des princes, Turenne et l'archiduc Léopold d'Autriche s'emparèrent de la Capelle et de Réthel et poussèrent jusqu'à Dammartin. Tandis que Fabert suivait leur marche avec une anxieuse attention, les Espagnols demandèrent tout à coup à rebrousser chemin.

Entre temps et au moment propice, la cour avait fait transférer à Marcoussis les princes enfermés en premier lieu à Vincennes. Turenne, un instant déconcerté par cette mesure, vint mettre le siège devant Mouzon dont il s'empara au bout de sept semaines (5 novembre). Mais la résistance prolongée de cette place avait donné au maréchal du Plessis-Praslin, commandant en chef des troupes royales rassemblées sur la frontière du Nord, le temps d'être renforcé. Selon les avis de Fabert à Mazarin, l'armée du roi investit Réthel qui se rendit. Turenne, arrivé trop

tard pour sauver ce poste, se mit en retraite et fut atteint par le maréchal du côté de Tanneguy, où il subit un échec terrible (17 décembre). A la fin de l'année, il ne restait plus que Mouzon, sur la frontière champenoise, au pouvoir des Espagnols.

Dans l'intervalle qui sépare l'arrestation des princes de la bataille de Sommepy (Réthel), Mazarin, éclairé depuis longtemps sur les rapports de Chavigny avec le prince de Condé et ses partisans, n'avait pas cessé de le poursuivre de son animosité. Fabert avait continué, de son côté, à s'interposer entre les deux rivaux, mais ses efforts de conciliation étaient restés infructueux. Dans son impuissance à tenir tête ouvertement à Mazarin, Chavigny se laissait entraîner à de ténébreuses intrigues qu'il se gardait bien de dévoiler à Fabert, mais qui finissaient par arriver à la connaissance du cardinal, aux accusations duquel elles semblaient donner raison.

Vers la fin de l'année 1650, le spectacle de la confusion générale, toujours croissante, où s'agitaient les partis, impressionna si profondément Fabert, qu'il songea à rentrer dans la vie privée; mais la crainte de voir tomber, par ces temps troublés, une place de l'importance de Sedan entre des mains qui pourraient la faire servir à de coupables desseins, retint le soldat à son poste. Lorsqu'il avait annoncé à Chavigny ses intentions de retraite, il avait déjà reçu de la faveur royale des lettres patentes (mai) érigeant en marquisat la terre de Larrey acquise par lui en Bourgogne, et le brevet de lieutenant général des armées du roi (20 septembre). Lettres et brevet constataient que, depuis l'âge de dix-huit ans, il avait assisté à cinquante-neuf sièges et à plusieurs batailles et combats.

L'intérêt que Fabert portait à ses chers Sedânais ne lui faisait pas négliger ce qu'il croyait devoir à ses voisins, les habitants de la Champagne. Sous la menace d'une dévastation complète de cette province par les Allemands du général weymarien Reinhold Rosen, à la solde de France, il ne put retenir un cri de détresse. Grâce à son initiative secondée par quelques autres gouverneurs, des ordres de la cour mirent un frein aux brigandages de ces troupes, et Mazarin fit rendre (14 février) une ordonnance qui exemptait du logement des gens de guerre les villages de Champagne et de Picardie pour lesquels les prêtres de la mission de Vincent-de-Paule obtiendraient une sauvegarde, en vue d'assister les pauvres et les malades.

Cependant, depuis l'arrestation des princes, le Parlement, dont l'opposition devenait de plus en plus menaçante, ne cessait de demander leur mise en liberté. A bout de remontrances et d'accord avec le parti des seigneurs, le duc d'Orléans et l'abbé de Retz, coadjuteur de l'archevêque de Paris, il réclama impérieusement l'éloignement de Mazarin et la délivrance des prisonniers. La reine atterrée, ayant renoncé à la résistance, Mazarin quitta Paris, alla ouvrir lui-même aux princes les portes de leur prison, puis se rendit par Péronne à Réthel où il manda Fabert pour le consulter sur le choix d'une retraite. Le 12 février, il entrait à Sedan. Dès le lendemain, il quittait la place, escorté par Fabert jusqu'à Bouillon, puis se dirigeait définitivement sur Brühl dans l'évêché de Cologne, où il arrivait le 6 avril.

Tandis que Mazarin s'acheminait tristement vers Brühl, la régente appelait Chavigny dans le Conseil d'en haut. Après le retour des princes à Paris, Fabert avait prévu ce changement de fortune. Plus tard, sur le chemin de Sedan à Bouillon, et à Bouillon même, le cardinal s'était ouvert à lui, de son intention de se rapprocher de Chavigny. Lorsque celui-ci apprit les nouvelles dispositions de Mazarin à son égard, il en témoigna à Fabert, qui les lui avait communiquées, un assez vif dépit; bien plus, de nouvelles avances lui ayant été faites, il ne craignit pas de publier que le cardinal avait chargé Fabert de lui offrir, comme prix de bons offices sollicités, une charge de secrétaire d'État et la confiance intime de la reine. Mazarin s'inquiéta vivement de ce bruit public, mais tout ce qu'il put faire pour rétablir la vérité, fut de protester, dans une lettre adressée à Fabert, contre les procédés que Chavigny employait pour le discréditer.

Dès sa sortie de France, Mazarin avait commencé à entretenir, par l'entremise de Fabert, une correspondance des plus actives avec la régente et les secrétaires d'État. Grâce à ces rapports incessants, la reine put négocier de bonne heure (20 mars), avec le duc de Bouillon, l'échange des souverainetés de Sedan et Raucourt et d'une partie du duché de Bouillon, contre les duchés-pairies d'Albert et de Château-Thierry, et les comtés d'Auvergne et d'Évreux. Une des clauses du traité ayant été signalée par Fabert comme attentatoire aux privilèges des Terres-Souveraines, elle fut supprimée par déclaration royale.

Ce contrat d'échange eut pour effet de rallier au roi le duc de Bouillon et d'amener Turenne à se rapprocher de la cour. La régente n'en fut pas moins contrainte de céder aux exigences despotiques du prince de Condé depuis peu détaché de la Fronde, en éloignant les trois secrétaires d'État, Servien, Le Tellier et Lionne, et peu après Chavigny (19 juillet). Fabert aurait voulu disposer ce dernier à se séparer du parti des mécontents, mais ses avis ne furent pas écoutés.

Mazarin triompha, sans trop d'affectation, de la disgrâce de son rival. Parlant de celui-ci, il disait à Fabert : « Il a eu tort de faire un si grand mépris « des absents. » Peut-être, dès lors, entrevoyait-il, à travers les fautes, les excès et les discordes des partis, une ère de calme et la fin de son exil. Mais il se préoccupait surtout du péril que faisait courir à l'autorité royale le bouleversement général, et subordonnant l'intérêt de sa politique au salut de l'État, il confiait à Fabert ses angoisses patriotiques comme à un ami clairvoyant et capable de les comprendre et de les partager. « Je vous jure devant Dieu — lui écrivait-il — que je voudrais être condamné à finir mes jours misérablement en pays inconnu, pourvu que cela pût contribuer au calme de l'État et au rétablissement de l'autorité royale; mais, ce qui me fâche, c'est de connaître si visiblement qu'on ne se sert de moi que pour prétexte, et qu'on se veut élever aux dépens du roi. Je suis persuadé que cela vous perce le cœur, sachant à quel point vous êtes bon Français. »

Sur ces entrefaites, le prince de Condé rompit avec la reine, et partit pour le midi de la France où il devait fomenter à bref délai la guerre civile. Tout d'abord, Fabert ne voulut pas croire à cette défection. Il disait : « Le prince a les qualités qui font les grands hommes, mais il faut je ne sais quelle basse complaisance pour mener les gens contre le nom du roi, dont je le crois incapable. » Quoi qu'il en soit, le départ du premier prince du sang débarrassait Mazarin d'un ennemi gênant par l'ascendant qu'il était capable de prendre sur la régente, mais elle laissait au coadjuteur de Retz le champ à peu près libre à la cour. Quand les amis du cardinal, Fabert entre autres, lui signalèrent le danger, il y avait déjà paré. En effet, le coadjuteur avait reçu l'acte officiel qui le désignait à Rome pour le cardinalat. Maintenant, il ne s'agissait plus, pour Mazarin, que de savoir par quels moyens il préparerait son retour auprès du roi. Fabert, consulté, l'engagea à revenir à la tête d'une armée formée pour la circonstance. C'était aussi l'avis du cardinal.

A partir de ce moment, Fabert est l'âme de l'entreprise de guerre qui doit signaler la rentrée de Mazarin en France. Sous son impulsion, les levées s'organisent sur la frontière et au delà. Généraux, gouverneurs, mestres de camp et gentilshommes se concertent avec lui. Pour donner le change aux ennemis du cardinal, il fit répandre le bruit que ces préparatifs devaient servir à la défense de la province de Champagne.

Dans les premiers jours de décembre, la petite armée est prête. Mazarin y a consacré toutes les ressources dont il dispose. Déjà, il a gagné Dinan. De là il passe à Bouillon. Le 24 décembre, il entre à Sedan à la tête de 3,000 à 4.000 hommes. Plusieurs généraux lui amènent des renforts. Un mois après, il rejoint à Poitiers le roi et la régente et reprend au

RETOUR DE MAZARIN A SEDAN.

grand jour les rênes du ministère. Ses nièces étaient restées à Sedan, sous la garde de Fabert.

Avant d'aller plus loin dans cette étude biographique, il convient de nous arrêter un instant sur certains détails de la vie de Fabert qui se rapportent à l'année 1651, et n'ont pu facilement trouver place dans le récit des faits qui précèdent. On sait que la fureur des duels faisait alors de nombreuses victimes. Pour détruire, parmi les grands, le préjugé du faux point d'honneur, un émule de Vincent de Paule, M. Olier, curé de Saint-Sulpice, imagina de fonder une association composée de gentilshommes, tous militaires et d'une valeur éprouvée, qui devaient s'engager, sous la foi du serment, à ne jamais porter ni accepter de défi, et à ne point servir de second dans les duels. La renommée de bravoure que Fabert s'était acquise sur le champ de bataille et l'ardeur même qu'il avait montrée, dans la fougue de sa jeunesse, pour les combats singuliers, le désigna un des premiers avec le marquis de La Mothe-Fénelon, oncle de l'archevêque de Cambrai, au choix du fondateur du séminaire de Saint-Sulpice. Ce dernier reçut le 28 mai 1651, jour de la Pentecôte, dans la chapelle du séminaire, des mains des membres de l'association, une déclaration écrite conforme à leur engagement. La noblesse de province fut invitée à suivre l'exemple donné par les associés de Paris. Le prince de Condé adressa des éloges aux gentilshommes qui avaient pris cette résolution, et le tribunal des maréchaux de France donna son assentiment à la déclaration.

Reprenons, maintenant, le récit des événements au point où nous l'avons laissé, c'est-à-dire au moment où Mazarin rejoint la cour à Poitiers. C'est aussi celui où le maréchal de Turenne fait sa soumission au roi. A cette époque, nous trouvons Fabert mêlé aux négociations inspirées par Chavigny, et que le prince de Condé, tout en continuant la lutte contre les troupes royales, fait poursuivre en son nom, en vue d'une réconciliation avec la cour. Le duc d'Orléans s'était associé à ces tentatives de rapprochement. Fabert ne pouvait qu'encourager des démarches dont le dénouement assurerait l'union de la famille royale. Mazarin recherchait le même résultat, mais il songeait surtout à séparer Chavigny de Condé. Quant à Chavigny, il n'entendait pas prêter les mains à un accord qui ferait le jeu du cardinal. Une fois de plus, Fabert ne réussit pas à vaincre la défiance mutuelle qui tenait séparés ces deux hommes d'État depuis plusieurs années. Mazarin, craignant d'être dupé par les mandataires de Condé et du duc d'Orléans, fit échouer les pourparlers définitifs (fin avril).

A la suite de l'avortement des propositions d'accommodement des princes, une anarchie complète, marquée par de sanglants excès, régna dans Paris.

La cour en profita pour s'entendre avec les anciens Frondeurs. Mazarin ne voulant pas être un obstacle à la pacification, reprit, de son propre mouvement, la route de l'exil. Il se rendit par Reims à Sedan (29 août), où il conféra avec Fabert pour assurer ses communications avec la cour, et de là à Bouillon.

Pendant l'éloignement du cardinal, le prince de Condé s'étant remis à traiter, pour son compte, avec la cour, Fabert eut à remplir de nouveau un rôle conciliant entre ceux qui participèrent aux négociations. Les voies semblaient ouvertes à un arrangement prochain, par suite d'une concession de Mazarin, lorsque la mort presque subite de Chavigny rompit l'entente (11 octobre).

Condé, privé de son principal négociateur, alla porter l'étendard de la révolte en Champagne. Avec l'aide des Espagnols, il s'empara de quelques places. Les mesures prises par Fabert permirent à Réthel et à Sainte-Menehould de résister quelque temps et sauvèrent les places de la Meuse. Le maréchal de Turenne avait déjà forcé le prince de Condé, par une vigoureuse poursuite, d'entrer dans le Luxembourg, quand Mazarin, rappelé aux affaires par le jeune roi, arriva à Sedan. Il en repartit le 23 novembre, pour rejoindre à Bar les troupes royales à la tête de quatre mille hommes levés par les soins de Fabert dans le pays de Liège.

CHAPITRE III

(1653-1657)

Mazarin propose à Fabert la garde du cardinal de Retz. — Fabert refuse le cordon du Saint-Esprit. — Son désintéressement. — Négocie avec l'électeur de Cologne pour chasser les Espagnols de l'évêché de Liège. — Commande en chef au siège de Stenay; visite de Louis XIV; Vauban au début de sa carrière; capitulation de la place. — Organisation des quartiers d'hiver entre Aisne et Meuse. — Négociations avec Mme de Bussy-Lamet. — L'arsenal de Sedan. — Visite des places frontières. — Fabert apaise une révolte à Thionville. — Organise les quartiers d'hiver en Champagne. — Prospérité des Terres-Souveraines. — Correspondance de Fabert avec Arnauld d'Andilly. — Il cherche à établir la taille réelle avec le cadastre dans trois élections de Champagne; l'intendant Voisin et Téruel; registres cadastraux. — Séjour de Louis XIV à Sedan. — Résistance à la réforme de la taille.

On peut dire que la Fronde était terminée, quand Mazarin rentra à Paris au commencement de février 1653; l'arrestation et l'emprisonnement du cardinal de Retz lui avaient servi d'épilogue. Sur la proposition de Mazarin, Fabert était disposé à recevoir le remuant prélat dans le château de Sedan; mais il déclara ne pas vouloir accepter d'en être le geôlier responsable, ce qui entraîna l'abandon momentané du projet de transfèrement du coadjuteur.

Un des premiers actes de Mazarin fut de partager la surintendance des finances, qu'il avait antérieurement promise à Fabert, entre Abel Servien et le procureur général Nicolas Fouquet. Il est vraisemblable que la crainte de se trouver aux prises avec l'intégrité de Fabert l'avait porté à violer ses engagements.

A la même époque, il lui offrit le cordon du Saint-Esprit et un brevet de retenue en échange de sa charge de gouverneur. Déjà, en 1651, il l'avait sollicité, d'une manière indirecte, de traiter de son gouvernement, mais Fabert n'avait pas accédé à cette proposition. Aux nouvelles instances du cardinal, il opposa un refus motivé sur l'obligation où il se croyait de conserver au roi une place exposée à tomber entre des mains moins sûres que les siennes. Quant au brevet de retenue, il le considérait comme ne présentant pas de garantie suffisante pour assurer l'avenir de ses enfants. Enfin, il était décidé à ne pas accepter le cordon du Saint-Esprit, en produisant des preuves de noblesse forgées pour la circonstance.

Fabert ne se borna pas à repousser les offres de Mazarin : il s'en prit à lui de l'ajournement indéfini du remboursement des sommes qu'il avait avancées depuis longtemps pour le service du roi. Les plaintes que ses reproches provoquèrent de la part du cardinal, furent telles qu'il se crut dans l'obligation de lui écrire pour protester de son désintéressement; il lui exprima, en même temps, ses regrets de lui voir faire si peu de cas de l'abnégation avec laquelle il se sacrifiait pour le servir. Dans une seconde lettre où le sentiment de l'honneur, dont il était profondément animé, s'exalta jusqu'à la véhémence, il énuméra les griefs qu'il avait conçus contre lui. La réponse de Mazarin à cette dernière lettre fut indigne du grand ministre qui avait su apprécier, dans tant d'autres circonstances, le patriotisme de Fabert; lui qui, aux jours sombres de l'adversité, avait soumis aux plus rudes épreuves le dévouement du gouverneur de Sedan, ne craignait pas maintenant de le mettre en doute. Fabert releva avec vivacité cet acte d'ingratitude et n'en continua pas moins à se plaindre de l'injustice dont il était victime.

Devant cette attitude digne et ferme, Mazarin n'insista pas davantage. Il protesta de ses bonnes intentions, et s'empressa même de faire expédier à Fabert une ordonnance de dix-huit mille livres pour le dédommager des frais d'entretien de quelques prisonniers d'État confiés à sa garde, mais ce premier remboursement ne fut suivi, comme auparavant, que de vaines promesses. Le cardinal invoqua la détresse du Trésor, puis feignit de prendre pour une renonciation définitive, un passage d'une lettre où Fabert, las d'adresser des réclamations sans résultat, avait semblé se résigner à ne plus rien demander. Cette sorte de fin de non-recevoir valut au cardinal une réplique où Fabert lui exprimait la crainte de le voir renoncer, pour son propre compte, à ce qui lui était dû, faute d'argent dans les coffres de l'épargne; il ajoutait que « la chose serait d'une très pernicieuse suite ». Mazarin ne parut pas ou ne voulut point paraître blessé de cette raillerie; il se plaignit seulement d'être l'objet de reproches injustes, et se mit à prodiguer à Fabert, une fois de plus, les assurances de son estime. Fabert se laissa émouvoir, et alla jusqu'à s'excuser d'avoir cédé à un mouvement d'humeur. Là-dessus, tout dissentiment s'apaisa. Le cardinal fit, d'ailleurs, délivrer à Fabert, vers la fin de 1653, un brevet de retenue particulièrement favorable à ses intérêts.

Une occasion de mettre à profit le zèle infatigable du gouverneur de Sedan s'offrit, peu de temps après, à Mazarin qui la saisit avec empressement. Il s'agissait de décider l'électeur de Cologne à se concerter avec le roi pour chasser les troupes du duc de Lorraine et du prince de Condé, du pays de Liège d'où elles se répandaient en Champagne, et pour les rejeter dans les Pays-Bas. Fabert fut chargé de cette mission (hiver de 1652 à 1653); les services qui avaient motivé sa désignation étaient exposés en ces termes dans les provisions qui lui furent adressées : « Étant nécessaire de confier le commandement de cette armée à un chef qui ait toutes les qualités nécessaires pour s'en acquitter dignement, nous avons jeté les yeux sur le marquis de Fabert comme une personne qui s'est acquis une grande expérience de la guerre, et toutes les connaissances nécessaires pour nous servir utilement dans un commandement de cette importance, ayant passé par tous les grades militaires dans les fonctions des diverses charges, tant dedans que dehors le royaume, pendant une longue suite d'années où il a donné toutes les preuves que l'on peut désirer d'une insigne capacité, valeur, prudence, vigilance et conduite, et ayant mérité du feu roi, nôtre très honoré seigneur et père de glorieuse mémoire, et de nous, diverses marques de la satisfaction et des services qu'il nous a rendus, et à cet État même, en lui confiant le gouvernement de Sedan, par le moyen desquels et par les habitudes et le crédit qu'il s'est acquis dans le pays de Liège, il nous y peut servir plus utilement qu'aucun autre en cette occasion, savoir faisons, etc. »

L'électeur se montra disposé à une entente et s'engagea à lever des soldats, mais resta dans l'inaction et paralysa ainsi les efforts du négociateur jusqu'au moment où les troupes ennemies abandonnèrent leurs quartiers sur la Sambre et entre Sambre et Meuse.

Pendant la campagne qui suivit, et dont la Champagne fut le théâtre, Fabert rendit de précieux services aux maréchaux de Turenne et de la Ferté, par des informations circonstanciées sur la force et les mouvements des troupes de Condé, et par les secours en hommes et en vivres qu'il fit parvenir aux places assiégées.

L'armée de Champagne n'avait pas encore rejoint ses quartiers d'hiver, lorsque Fabert reçut (novembre) des instructions de Mazarin, pour renouer avec l'électeur de Cologne des négociations dont le but était d'amener ce prince à recevoir les troupes du roi dans l'évêché de Liège, et à leur prêter aide, afin que les Lorrains et leurs alliés ne pussent s'y établir.

Après bien des tiraillements, l'électeur accéda aux propositions du roi. En conséquence, Fabert, à la tête de sept à huit mille hommes, se dirigea sur Paliseul, d'où il alla camper (1er mars) à La Neufville, à quelques lieues de Liège. Déjà, il était informé de l'arrestation du duc de Lorraine, ordonnée par le gouverneur des Pays-Bas. Les Espagnols s'étaient hâtés de présenter cette mesure comme une satisfaction qu'ils voulaient donner à l'électeur. C'est ce que ce prince lui-même déclara à Fabert; en même temps, il lui révéla la présence, à Liège, d'un ambassadeur de l'empereur Ferdinand III qui avait pour mission de préparer les voies à un accommodement avec l'Espagne.

Fabert se hâta de prévenir Mazarin de cet événe-

FABERT EN CHAMPAGNE.

ment imprévu. Quand il reçut de la cour l'ordre de protester, au nom du roi, contre l'acte de violence dont Charles de Lorraine avait été victime, l'Espagne et l'électeur étaient liés par un traité. Il n'avait pas attendu ce moment pour tenter de gagner à la France les troupes lorraines. Une lettre royale l'autorisa à faire valoir les avantages à promettre aux officiers et aux soldats qui prendraient du service dans l'armée du roi.

Cependant, l'électeur, au mépris de ses promesses, déclara à Fabert qu'il ne pouvait le seconder par des levées, ni l'aider à détacher les troupes lorraines des Espagnols auxquels elles venaient de se donner. Il chercha à se justifier, auprès de Fabert, d'avoir accepté la médiation de l'empereur; enfin, il l'invita à faire ses préparatifs pour sortir du duché espagnol de Limbourg dès que les alliés évacueraient les terres liégeoises. L'armée du roi était entrée depuis quelque temps dans le pays, faute de pouvoir subsister sur la rive gauche de la Meuse, au nord de Liège.

Les instances faites auprès de Fabert par les chanceliers de Liège et de Cologne pour le déterminer à évacuer le Limbourg restèrent inutiles, aussi longtemps qu'il n'eut pas reçu un ordre de retour formel. Dès que cet ordre lui parvint, le corps expéditionnaire commença à rétrograder (24 mars). Le 20 avril,

Fabert était de retour à Sedan. Mazarin le félicita chaleureusement d'avoir su, pendant les marches comme pendant le séjour en pays ennemi, maintenir une discipline exemplaire parmi des troupes habituées à la licence, et reconnut que sa modération et son tact, appréciés à leur juste valeur par l'électeur lui-même, avaient disposé les esprits « à se jeter dans les bras de la France à la première occasion que ses ennemis lui pourraient donner ». Il est triste de constater que le cardinal, si empressé à combler Fabert d'éloges, continuait à lui laisser payer, avec des fonds empruntés à ses amis, la solde de son régiment, et à leurrer par d'obligeantes paroles qui ne l'engageaient pas, son espoir d'être remboursé.

L'expédition dans le pays de Liège était à peine terminée, que Mazarin mettait en mouvement les troupes destinées à s'emparer de la place forte de Stenay appartenant au prince de Condé. Après le sacre du roi auquel il assista, Fabert reçut les pouvoirs nécessaires pour exercer le commandement en chef des troupes assiégeantes. Il arriva le 20 juin devant la forteresse meusienne défendue par le colonel espagnol Colbrand, comte de Chamilly. Déjà, avec le concours de l'intendant Talon, il avait donné des ordres pour l'exécution de toutes les mesures concernant les hommes, le matériel et les approvisionnements. Il traça lui-même la ligne de circonvallation et la fit aussitôt commencer. Quand la tranchée fut ouverte dans la nuit du 3 au 4 juillet, après une reconnaissance des dehors par Fabert, les troupes avaient rejoint le camp. Le chevalier de Clerville dirigeait en chef les travaux d'approche; il était secondé par un jeune lieutenant du régiment de Bourgogne auquel Mazarin avait accordé sa protection, et qui devait bientôt conquérir au nom de Vauban une glorieuse illustration. Voici en quels termes Clerville fit part au cardinal de l'arrivée à Stenay du jeune ingénieur : « J'ai amené de Sainte-Menehould le jeune homme qui était auprès de M. de Sainte-Maure, lequel est, en vérité, un fort brave garçon; et ce que j'en estime davantage est que, n'étant qu'à Votre Éminence, elle pourra s'en servir quand et où bon lui semblera. Je ne lui ai donné que peu d'argent pour s'accommoder de quelques habits; mais comme il lui manque encore beaucoup de choses, je supplie Votre Éminence de lui faire donner les deux cents livres qu'elle m'a ordonné de lui remettre. Ce n'est pas qu'outre cela je ne sois encore obligé à le monter et à le nourrir. » Fabert fut le véritable ingénieur en chef du siège. Les importantes modifications qu'il apporte aux méthodes d'attaque en usage constituent, dans l'art des sièges, un progrès réel qui ne laisse pas entre les moyens dont il se servait et ceux qui furent appliqués plus tard par

Vauban, une distance aussi grande qu'on l'a cru jusqu'à présent.

Le 33e jour de tranchée ouverte, les assiégés battaient la chamade (5 août). Dès le début du siège, le roi, accompagné de la reine-mère et de Mazarin, s'était transporté de Reims à Sedan. De là, il était venu, à plusieurs reprises, au milieu des troupes, et avait visité les lignes et les tranchées, prenant plaisir à questionner Fabert sur le but des travaux exécutés sous ses yeux.

Le lendemain de la capitulation de Stenay, Fabert envoya à Turenne, qui campait alors à portée des lignes d'Arras, les soldats que la prise de cette place rendait disponibles. Vers la fin de l'année 1654, il reçut l'ordre de répartir les troupes établies en quartier d'hiver entre Aisne et Meuse, d'en prendre le commandement et de pourvoir à leur solde et à leur subsistance. A la même époque, il négocia avec un délégué du prince de Condé, dans l'intérêt des Sedanais, un traité d'échange des contributions de guerre entre les gouvernements de Rocroi et de Sedan, qui fut signé au commencement de 1655.

L'hiver de 1654 à 1655 fut partagé par Fabert entre l'administration des troupes qui hivernaient en Champagne, et des négociations engagées, suivant les intentions de Mazarin, avec Mme de Bussy-Lamet, veuve du comte de ce nom, gouverneur de Mézières,

FABERT AU SIÈGE DE STENAY.

décédé en juin 1653. Il s'agissait de décider la comtesse de Bussy à renoncer au gouvernement de cette place, détenue contre la volonté royale, au profit de son fils encore en bas âge, par le vicomte de Lamet, frère du défunt. Dès le mois de juillet 1653, le cardinal avait chargé Fabert de proposer une forte somme d'argent à Mme de Bussy, mais cette offre avait été déclinée.

La parenté de la comtesse avec le cardinal de Retz et l'appui qu'elle recevait du duc de Noirmoutier, gouverneur de Charleville et de Mont-Olympe, depuis longtemps suspect à Mazarin, rendaient particulièrement délicate la mission de Fabert. Appréhendant que le duc ne donnât asile, dans une de ces places, au cardinal de Retz fugitif, Mazarin chargea Fabert de le sonder. Il ne fut pas difficile de constater que Noirmoutier cherchait à obtenir la réconciliation des deux Éminences dans les conditions les plus avantageuses possibles aux intérêts de son ami. Sur ces entrefaites, la duchesse de Chevreuse s'entremettait dans l'affaire; le marquis de Laigues, un de ses intimes, pour lequel elle sollicitait de Mazarin une faveur qu'elle espérait gagner au prix d'un bon office, apporta l'assurance, bien inattendue, que le duc était disposé à se retirer de Mont-Olympe au premier commandement et à répondre de Mézières.

En offrant de restituer Mont-Olympe, Noirmoutier demanda que le gouvernement de Mézières fût laissé au jeune comte de Bussy. Mazarin n'acquiesça pas à cette prière, et maintint la proposition de gratification pécuniaire faite antérieurement, mais d'après les conseils de la duchesse de Chevreuse, il invita Fabert à entrer de nouveau en pourparlers avec les Bussy-Lamet. Tous les efforts de Fabert pour obtenir l'abandon de Mézières moyennant une indemnité de dix mille louis d'or, étant restés infructueux par suite du mauvais vouloir de la comtesse de Bussy, il pria le cardinal de recourir à un autre négociateur. Bartet, secrétaire du cabinet du roi, à la fois envoyé officiel de la cour et mandataire de la duchesse de Chevreuse, échoua à son tour dans ses démarches. Une nouvelle intervention de Fabert finit par triompher de cette résistance prolongée. Resté seul maître de la confiance de la comtesse de Bussy, il ne s'en servit que pour ménager au négociateur de la cour l'honneur d'une transaction (14 avril) stipulant la remise de Mézières entre les mains du roi, et qui était due, en grande partie, à sa médiation empreinte à la fois de fermeté et de modération.

Ces laborieuses négociations, singulièrement compliquées par l'ingérence de quelques personnages habiles à fomenter l'intrigue, ne lui avaient pas fait négliger les soins qu'il devait aux autres affaires du roi, dans son gouvernement et au dehors. Grâce à ses efforts, l'arsenal de Sedan prenait de jour en jour plus d'importance pour la fabrication des canons. Il visitait constamment les places de la frontière, donnait des ordres pour en réparer les ouvrages, et les approvisionnait de vivres et de munitions, dès qu'il les croyait exposées à une attaque. Toutes les mesures propres à préserver non seulement les Terres-Souveraines mais aussi la Champagne contre les courses des gens de guerre, étaient prises par lui. Enfin, dans l'organisation des quartiers d'hiver entre Aisne et Meuse, il avait résolu, en partie, le difficile problème qui consistait à mettre d'accord les soldats et les habitants.

A l'issue de la négociation de Mézières, Louis XIV manda Fabert à la Fère d'où il l'envoya à Laon (13 juin) pour se concerter avec Mazarin, Turenne et le maréchal de la Ferté sur les opérations à reprendre contre les Espagnols. Revenu à la Fère, Fabert eut l'insigne honneur d'être chargé de veiller à la sécurité du roi compromise par les incursions audacieuses des soldats de Condé. Peu après, il alla assister de ses conseils le lieutenant général de Marolles, gouverneur de Thionville, chargé de l'attaque du château lorrain de Mussy, voisin de Longuyon. De Marolles ayant été tué devant le château rebelle, son régiment d'infanterie se souleva. Fabert, appelé aussitôt à Thionville, parvint à faire rentrer les mutins dans l'ordre par des remontrances adroitement mêlées à quelques concessions.

Tandis que Fabert, toujours empressé à subvenir aux besoins pressants de l'État, entamait toujours davantage sa fortune particulière, Mazarin continuait à rester sourd à ses légitimes revendications. C'était, il est vrai, le temps où, pour remédier au désordre des finances, le cardinal faisait succéder les édits bursaux aux édits bursaux, mais c'était aussi celui où il se ménageait des ressources privées qu'il mettait en sûreté à Sedan sous la propre garde de Fabert. A la crainte de voir ses enfants ruinés, s'en joignait une autre pour Fabert : « c'était que le monde eût sujet de croire que le cardinal méprisât la passion qu'il avait pour son service ». Longtemps contenues, ces impressions douloureuses finirent par faire explosion. Nous n'avons pas retrouvé la réponse de Mazarin à la lettre où Fabert laissait ainsi libre cours aux sentiments qui l'agitaient, mais, aux regrets pleins de confusion qu'elle lui arracha, il est permis de supposer qu'elle fut extrêmement dure. Une fois de plus, Fabert eut à se défendre d'avoir obéi à une arrière-pensée d'intérêt personnel, et s'efforça de prouver que ses actes n'étaient imposés que par l'honneur et la passion de servir l'État dans la personne du premier ministre.

A quelque temps de là, à la suite d'explications qu'il vint donner de vive voix au cardinal, il rentra enfin dans une partie de ses avances, ce qui lui permit d'acquérir (octobre) la terre d'Esternay, en Brie. A la même époque, il reçut pour son fils aîné la provision de la survivance du gouvernement de Sedan. Mazarin ne s'en tint pas là : il s'engagea à poursuivre, dans le courant de l'hiver, le remboursement de ce qui était dû à Fabert. Il alla encore plus loin : il lui laissa entrevoir, comme une suprême récompense, le bâton de maréchal de France : Fabert répondit, en ces termes, à l'avance du cardinal : « J'espère que Votre Éminence aura agréable la liberté que je veux prendre de lui dire que je serais marri qu'elle se mît en peine pour la dignité de maréchal de France, qu'avec grand honneur pour moi elle a eu la bonté de me faire espérer. Les autres dignités sont rendues si communes qu'il faut conserver celle-là, et, contre mon intérêt, je croirais à propos, tant pour celui de l'État que pour le repos d'esprit de Votre Éminence, qu'on sût qu'aucun n'y parviendra qu'une place ne vaque par la mort d'un de MM. les maréchaux de France. Ceux qui pressent aujourd'hui pour entrer en foule ne peuvent être sans blâme en voulant abaisser ceux dont le seul honneur est d'y pouvoir monter, en préférant à soi l'intérêt du public et service du roi. Celui de Votre Éminence et sa gloire seraient seuls capables de me donner ce sentiment, si je ne le devais au bien de ma patrie. » La pensée dont Fabert faisait part ainsi au cardinal devait avoir pour effet de relever le prestige de la haute dignité du maréchalat, compromis par le nombre toujours croissant de ceux qui la recevaient.

Comme l'hiver précédent, Fabert fut chargé (novembre) d'organiser les quartiers d'hiver en Champagne. En plus des troupes royales, il eut à installer et à faire vivre le gros de l'armée lorraine, dont quelques régiments étaient passés, à son instigation, au service de la France. Son activité s'exerça, en même temps, dans des négociations entreprises, suivant les instructions de Mazarin, pour ruiner l'influence espagnole dans le pays de Liège. Malheureusement les Liégeois ayant conçu de la jalousie contre les Sedanais à cause des privilèges dont ceux-ci jouissaient pour leurs transactions commerciales, ne se prêtèrent pas à ce jeu de politique; ils allèrent jusqu'à accuser le gouverneur de Sedan d'intelligence avec le prince de Condé. Fabert n'eut pas de peine à se disculper, mais déjà une imputation encore plus perfide, préparée dans l'ombre et de longue main, commençait à se faire jour. Quelques catholiques d'un zèle outré ne craignirent pas d'insinuer que les actes de Fabert, inspirés par un esprit de tolérance excessif, touchaient de près à la complicité avec l'hérésie. L'odieux mensonge se propagea jusqu'à la cour où il trouva créance auprès d'Anne d'Autriche. Fabert répondit aux remontrances qu'il reçut à ce sujet par les dénombrements comparés de la population sedanaise à la fin de 1642 et en janvier 1656. Il en résultait que depuis treize ans plus de seize cents Sedanais s'étaient convertis au catholicisme.

La calomnie n'avait pas fini de s'acharner sur Fabert. Un religieux étranger, de l'ordre des Cordeliers Récollets, le dénonça comme ayant traité avec le prince de Condé pour lui livrer le roi, Mazarin et la place de Sedan. Le cardinal qualifia le moine d'imposteur et fut d'avis de ne pas le prendre au sérieux. Mais, dans la crainte que la délation de ce misérable ne servît plus tard quelque dessein de vengeance contre lui ou ses enfants, Fabert fit exprès le voyage de Paris (avril) pour le poursuivre en justice, et obtint un jugement en forme qui le condamnait aux galères. Les dispositions à prendre pour acheminer sur la frontière de Picardie les troupes en quartiers d'hiver sous ses ordres, exigeant alors sa présence en Champagne, il quitta Paris (mai) pour se rendre dans cette province.

Le maréchal de Schomberg étant mort sur ces entrefaites, Fabert crut pouvoir s'inspirer des engagements que Mazarin avait pris spontanément vis-à-vis de lui l'année précédente, pour lui demander le bâton de maréchal de France. Dans la lettre (9 juillet) par laquelle il sollicitait en sa faveur l'application de la règle dont il avait proposé l'adoption pour la nomination des maréchaux de France, il rappelait ses services de guerre dans les termes suivants, d'une noble simplicité : « Il y a trente-sept ans que j'étais capitaine d'infanterie; il y a quarante-trois ans que je sers. J'ai vu soixante et un sièges, beaucoup de combats et deux batailles, esquelles occasions je me suis élevé de charge en charge jusqu'à la première des armées et au gouvernement d'une place importante que j'ai assurée par des travaux considérables. Si, Monseigneur, Votre Éminence croit que cela relève d'une fidélité sans tache, soit assez pour lui faire approuver qu'elle élève un de ses serviteurs, je lui demande le bâton de maréchal de France qu'elle a eu la bonté de me faire espérer de son propre mouvement, et qu'elle peut me donner maintenant, sans crainte d'aucune conséquence, par la mort de feu M. le maréchal de Schomberg. Mais si, Monseigneur, Votre Éminence ne m'en croit plus digne à présent, ou que sa volonté soit changée pour cela, je la supplie très humblement de croire que son refus ne diminuera en rien la passion que j'ai pour son service[1]. »

1. Vauban, comme Fabert, a demandé (1702) le bâton de maréchal de France.

Le cardinal lui répondit : « Je vous ai toujours considéré comme une personne de beaucoup de mérite, et qui a toujours très bien servi le roi avec tout le zèle et la fidélité qui lui est due. Ce serait un grand malheur pour moi, si, ayant tâché de faire paraître sans discontinuation une estime et une amitié particulière pour vous, vous n'en êtes pas entièrement persuadé. Je me suis déclaré que je ne m'emploierai jamais auprès du roi pour élever aucun officier à votre préjudice; je vous confirme la même chose; mais vous trouverez bon que je vous dise que, comme j'ai cru que vous ne prétendiez pas être élevé seul, je m'étais encore imaginé que vous entendiez que le roi devra attendre la vacance de quelques maréchaux de France pour les remplir, et il me semble que vous m'en aviez écrit dans ce sens. J'ai une entière confiance en vous, et on ne saurait rien ajouter à la parfaite estime et à la tendre amitié que j'ai pour vous et votre famille; c'est pourquoi, étant assuré de ces vérités, vous devez aussi l'être que je profiterai avec plaisir des occasions qui me donneraient lieu de vous procurer l'honneur auquel vous aspirez, et d'autres avantages qui pourront faire connaître au monde la satisfaction que le roi a de vos services, et que je suis, sans contredit, le meilleur de vos amis. » Le cardinal retardait par de faux-fuyants l'effet de la parole qu'il avait donnée.

Au moment où l'année 1656 touchait à sa fin, les

Terres-Souveraines offraient un spectacle qui était bien fait pour consoler Fabert des quelques déceptions qu'elle lui avait apportées. Jamais ce petit coin de terre n'avait été si florissant. L'administration civile et l'administration militaire y étaient admirablement ordonnées pour contribuer au bonheur des Sedanais. Tel était le renom de science et de courage acquis par le gouverneur, qu'un grand nombre de jeunes gentilshommes des meilleures familles du royaume, venaient faire sous ses ordres leur apprentissage du métier des armes dans les rangs de la garnison. Parmi ceux dont l'éducation militaire fut confiée à Fabert, se trouvait Jules de Villeneuve, le plus jeune des fils d'Arnauld d'Andilly. Les premières relations de Fabert et d'Andilly remontent à la campagne de 1635 sur le Rhin. Après deux interruptions assez longues, elles s'étaient renouées en 1655, lorsque M. de Villeneuve demanda à Fabert de le recevoir à Sedan. Dès lors, leur correspondance se poursuivit à peu près sans discontinuer. C'est au moment où les ordres de la cour dispersaient les écoles jansénistes fondées par l'abbé de Saint-Cyran, arrachaient les solitaires de Port-Royal de leur retraite des champs et reléguaient d'Andilly à Pomponne, que cette correspondance commença à s'étendre aux questions de morale et de religion qui se débattaient publiquement.

FABERT FAIT ÉTABLIR DES QUARTIERS D'HIVER.

Fabert parut accepter alors de d'Andilly une sorte de direction spirituelle. Il échangea avec lui ses impressions sur les *Lettres à un provincial*, au fur et à mesure qu'elles paraissaient. Bientôt, subissant le charme des beaux esprits qui l'honoraient de leur confiance, il accepta avec enthousiasme, comme des vérités, toutes les assertions de Pascal, et prit parti pour les Jansénistes dans la lutte engagée contre les Jésuites. Ce n'est pas qu'il visât au rôle d'opposant politique et religieux, mais, dans sa passion pour la justice et la vérité, il croyait entrevoir dans la tentative des disciples de Saint-Cyran une sorte de régénération morale[1].

Cependant, les devoirs qu'imposait à Fabert l'organisation des quartiers d'hiver en Champagne, lui avaient révélé le misérable état auquel étaient réduites les populations de cette province. Dès lors, il avait pénétré leurs besoins et sondé le remède aux maux dont elles souffraient. Ses vues charitables allaient encore plus loin : elles embrassaient tous les sujets du roi. Il n'aspirait à rien moins qu'un remaniement fondamental de la répartition de l'impôt direct connu

1. Pour nous conformer à l'ordre chronologique, nous n'avons embrassé ici, à quelques mois près, dans ses traits principaux, que la partie de la correspondance de Fabert et d'Andilly qui se rattache au début de leurs relations (1655-1656 et commencement de 1657). Le reste, disséminé sur les cinq dernières années de la vie de Fabert (1657-1662), comprend plusieurs périodes que nous résumerons de la même manière, à la place qui leur convient.

dans l'ancienne administration de la France sous le nom de taille.

On sait que la taille était réelle ou personnelle : réelle, quand elle était assignée sur les biens-fonds, indépendamment du domicile et d'après une évaluation convenue dans un registre cadastral; personnelle, quand elle portait sur les facultés des contribuables tant mobilières qu'immobilières et se payait au lieu du domicile. La taille réelle, en usage dans quelques provinces méridionales de droit écrit, était l'exception. La plus grande partie de la France, et la généralité de Châlons, en particulier, étaient assujetties à la taille personnelle dont la répartition se prêtait à l'arbitraire et à l'inégalité sous toutes les formes.

Le point de départ des modifications capitales que Fabert songeait à introduire dans le régime de la taille, n'était autre que l'établissement sur un nouveau pied des quartiers d'hiver des troupes. Pendant les hivers de 1653 à 1654 et de 1654 à 1655, il s'était appliqué, en Champagne, non seulement à faire respecter la discipline, mais encore à rétablir l'ordre dans les services de la solde et des subsistances. L'ordonnance royale du 20 novembre 1655, inspirée par lui, avait consacré définitivement les réformes dont il avait pris l'initiative. Elle concernait surtout la cavalerie qui devait être distribuée dans tous les lieux taillables de la généralité de Châlons et ceux non taillables de la frontière de Champagne, proportionnellement à la quote-part que ces lieux payaient de la taille ou selon leur force présente ou future. Il appartenait à Fabert et au maître des requêtes Voisin, intendant de la justice, police et finances près des troupes, de redresser les erreurs ou les illégalités commises par les syndics ou notables dans l'assiette des logements. La même ordonnance imposait aux communautés d'habitants l'obligation de payer à ceux qu'elles logeaient une somme déterminée par jour, représentant les fournitures réunies des vivres, des fourrages et de l'ustensile (pot et écuelle, place au feu et à la chandelle), et constituant, avec le couvert, ce qu'on appelait une place. Chaque communauté était taxée à un certain nombre de places, dont il devait être fait déduction sur la quote-part des tailles de l'année suivante. Moyennant le payement des places, les cavaliers et les officiers de compagnie devaient payer de gré à gré ce qui leur était fourni, sans rien exiger de plus sous peine, ceux-ci d'être privés de leur charge, ceux-là de la vie. Les capitaines recevaient, outre les places, sur les fonds de l'épargne, le prêt de leurs cavaliers et leurs propres appointements.

En résumé, l'ordonnance du 20 novembre 1655, recherchait, par des moyens sérieux, la décharge des finances, visait à l'égalité dans la répartition de la charge du logement des gens de guerre, et, en disséminant les troupes par petits groupes, leur procurait l'isolement qui devait les porter à vivre en bonne intelligence avec les habitants.

Ces sages mesures furent appliquées par Fabert lui-même aux cantonnements des troupes en Champagne, pendant l'hiver de 1655 à 1656. En octobre 1656, une nouvelle ordonnance étendit les mêmes réformes aux généralités de Soissons et d'Amiens et à quelques élections des généralités voisines. Cette ordonnance répartissait dans les paroisses du pays taillable, imposées du nombre de places qu'elles pouvaient porter, les gens de pied distribués jusqu'alors dans les villes de la frontière où elles avaient eu beaucoup à souffrir de la cherté des vivres; de plus, elle augmentait sérieusement leur solde. Les places tenaient lieu aux gens de pied de solde, de subsistances et d'ustensile; elles étaient payées par les habitants à titre d'avance sur ce qu'ils devaient des impositions de l'année suivante. Cette ordonnance prescrivait de fréquentes visites des quartiers d'hiver par les généraux, les intendants et les commissaires des guerres.

Vers la fin de l'année 1656, Fabert commença à recueillir le fruit de ses efforts. Ses fréquentes tournées en Champagne avaient profité à tous; les paysans se trouvaient de nouveau à leurs travaux de culture; quelques industries et les transactions locales reprenaient un peu de vie. Aussi, le rendement de la taille, dans la généralité de Châlons, tendait-il à suivre une progression ascendante. En même temps, les fonds, au lieu d'arriver au trésor de l'épargne après avoir subi d'énormes remises qui en absorbaient une notable partie, passaient, presque en totalité, des mains de l'habitant dans celles de l'homme de guerre. C'est à ce moment que Fabert, jugeant l'heure propice pour mettre en avant son plan de réformes financières, soumit à Mazarin, (9 décembre 1656) un écrit intitulé : *Mémoires que M. de Termes fera voir à Son Éminence en lui présentant la carte de Champagne, faite par M. Téruel*[1].

Il pose tout d'abord, en principe, « que la ruine « du peuple procède de ce que l'argent qu'il paie « continuellement est diverti pour la plus grande « partie, et que la moindre va seulement au roi », ce qu'on peut éviter « en perfectionnant l'ouvrage « si heureusement et si glorieusement commencé par « l'établissement des quartiers d'hiver ». Il signale ensuite la répartition de la taille par paroisse livrée à l'odieux arbitraire des élus, comme l'obstacle capi-

1. Téruel était capitaine au régiment du comte de Podewiltz, ancien officier de l'armée weymarienne attiré au service de la France par Turenne.

tal à surmonter. Ce n'est, selon lui, que lorsque les taxes seront réglées avec équité, c'est-à-dire selon les facultés vraies des habitants, que l'on pourra, sans fouler ceux-ci, exiger d'eux, avec le logement militaire, les redevances nécessaires à la subsistance des gens de guerre, et, ainsi, « le peuple ne paiera « pas un sol de ce qui lui est ordonné qu'il ne soit « employé en choses nécessaires et au bien de l'État ». Il émet, en conséquence, l'avis de supprimer les élus, et de substituer pour l'évaluation des ressources et des revenus locaux, à leur témoignage entaché de mauvaise foi et de passion, l'autorité d'un registre descriptif des paroisses et estimatif de la valeur des terres. L'intendant Voisin, secondé dans l'exécution par M. Téruel, lui paraît être l'homme le plus capable de mener à bonne fin cette opération. En d'autres termes, il se propose d'établir en Champagne la *taille réelle* avec le *cadastre*. Aucun doute n'est d'ailleurs possible à l'égard de son projet. « Cela « est proprement, dit-il, le *cadastre* que feu Son « Éminence le cardinal de Richelieu avait tant sou- « haité d'établir dans les lieux de la taille, ainsi qu'il « est en Dauphiné. »

Mazarin ayant donné son approbation à ce mémoire, Téruel se mit à l'œuvre sans retard. Dès le 3 janvier 1657, il rendit compte à Fabert des premiers résultats de ses tournées. A la fin d'avril, il avait terminé son enquête dans les élections de Reims, Réthel et Sainte-Menehould. Les données qu'il recueillait sur place dans chaque paroisse se rapportaient principalement aux objets suivants : population de la paroisse et de ses dépendances; nombre des feux, nombre des charrues tenues par les habitants, les seigneurs ou leurs fermiers; étendue en arpents des prés, vignes, bois et usages communs avec mention de ce qui appartient au clergé, aux habitants et aux forains; nombre d'arpents engagés ou vendus; proportion des terres vagues et des terres cultivées; différentes impositions militaires; contributions dues aux seigneurs, au clergé et à l'ennemi; chiffre de la taille réglé pour l'année courante et rapproché de celui de l'année précédente; exemptions de tailles, dommages causés par l'ennemi et les gens de guerre.

Lorsque le paysan champenois reconnut que l'on avait souci de ses intérêts, et que les gens de guerre, au lieu de ruiner la culture, la protégeaient efficacement, il reprit peu à peu confiance, et l'on vit, pour ainsi dire, renaître la vie là où le passé n'avait jeté que des semences de mort. Mazarin, frappé des avantages du nouveau régime des quartiers d'hiver, invita Fabert à l'introduire en Bourgogne. Mais le gouverneur de Sedan ambitionnait alors le commandement en chef du siège de Montmédy où il espérait conquérir sur la brèche le bâton de maréchal de France; il s'excusa de ne pouvoir répondre au désir du cardinal. Cette fois encore, il n'obtint pas satisfaction, ce qui ne l'empêcha pas de prêter au maréchal de la Ferté et à Turenne un concours des plus dé-

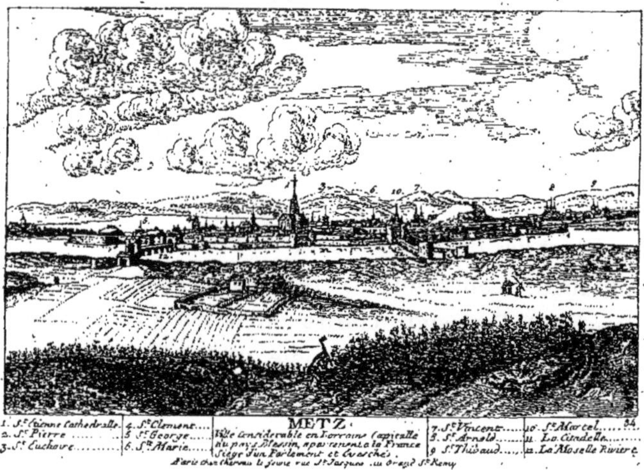

voués pour assurer le succès des opérations dirigées contre la place espagnole.

Au cours du siège de Montmédy, Louis XIV vint se mettre à Sedan sous la garde de Fabert (23 juillet). Quand il se rendit plus tard à Metz, pour se rapprocher de la frontière allemande au moment de l'élection du successeur de Ferdinand III au trône impérial, Fabert s'y trouva à la même époque à l'occasion du mariage de sa fille aînée; avec Louis de Comminges, marquis de Vervins. Le contrat, dressé par Le Tellier, fut signé par le roi et la reine-mère.

L'année 1657 était près de finir, et déjà les enquêtes destinées à asseoir la taille réelle se heurtaient à de sérieux obstacles. Sans parler de la résistance opposée par tous ceux que les nouvelles réformes atteignaient dans leurs privilèges ou dans leurs intérêts, la cour des aides de Paris n'avait pas craint de déclarer nul le département des tailles fait par l'intendant Voisin dans la généralité de Champagne. Heureusement, des ordres du roi maintinrent aux intendants des provinces l'autorité dont ils avaient besoin pour réduire les élus à l'impuissance, et renouvelèrent pour l'hiver de 1657 à 1658, dans les généralités de Châlons, Soissons et Amiens, et dans quelques élections de la généralité de Paris, les dispositions adoptées l'année précédente pour le logement, la police et la subsistance des troupes.

L'hiver extraordinairement rigoureux de 1657 à 1658 servit, en quelque sorte, de sanction au mécanisme administratif des quartiers d'hiver.

Un arrêt du Conseil du roi du 30 mars vint très à propos soulager les populations de la Champagne en déchargeant, dans une large mesure, les propriétaires roturiers du sol, écrasés par la taille et les autres impositions, du payement des arrérages dus par eux aux seigneurs et gens de finances.

En même temps, Téruel, investi par le roi de pouvoirs assez étendus, poursuivait ses visites locales en Champagne. Néanmoins, les élus continuaient à intervenir dans la répartition de la taille et des logements militaires; leur autorité n'était qu'amoindrie; Mazarin paraissait, d'ailleurs, peu résolu à les supprimer complètement et montrait parfois un médiocre empressement à déférer aux sollicitations que Fabert lui adressait pour faciliter à Voisin et à Téruel la tâche délicate qui leur incombait. L'indécision persistante du cardinal était de bien mauvais augure.

CHAPITRE IV

(1658-1662)

Fabert reçoit le bâton de maréchal de France. — Bossuet le félicite à la tête d'une députation messine. — Agrandissement de Sedan. — L'œuvre administrative de Fabert est menacée de ruine. — Fabert propose de conduire contre les Turcs les troupes licenciées. — Réorganise les troupes sous sa charge. — Projet de réforme financière dû à Fabert. — Mort de Mazarin; jugement de Fabert sur le cardinal. — Vues de Louis XIV sur Fabert. — Fabert refuse de produire des preuves de noblesse fictive pour obtenir le cordon du Saint-Esprit. — Fabert et le surintendant Fouquet. — L'alchimiste Montluisant. — Fabert poursuit ses vues d'unité religieuse; il provoque une réunion des calvinistes. — Sa maladie; ses derniers moments; sa mort; regrets du roi et des Sedanais. — Fabert homme privé; son mérite militaire; sa sollicitude pour les soldats. — Il vient en aide aux paysans de Champagne. — Son fils aîné lui succède. — Sedan et la Champagne après la mort de Fabert.

Depuis l'époque où Fabert avait manifesté le vif mécontentement que lui causaient les retards apportés au remboursement de ses avances, Mazarin s'était préoccupé de le dédommager par des envois de fonds et des prêts d'argent; mais il ne se pressait pas de lui faire accorder la suprême récompense promise à ses éclatants services. Sur ces entrefaites, ayant été informé que le comte de Montdejeux, gouverneur d'Arras, avait reçu l'assurance d'être nommé prochainement à la dignité de maréchal de France, Fabert retarda le voyage qu'il devait faire à la cour, pour ne pas être exposé à y rencontrer celui qu'on lui avait préféré. Quelques jours plus tard, il rejoignit le cardinal à Mardick, où le roi signa (28 juin) les provisions de maréchal de France qui lui étaient destinées.

Au retour de Mardick, à son passage à Amiens, on lui rapporta que le comte de Montdejeux prétendait avoir le pas sur lui dans la promotion qui était attendue. Il écrivit aussitôt à Mazarin pour faire valoir que son ancienneté de service comme officier consacrait sa prééminence. A cette légitime revendication, Le Tellier opposa « le bon plaisir du roi ». Quant au cardinal, il s'en tira avec une lettre de reproches où il ne craignit pas de mettre en doute le dévouement et la reconnaissance de Fabert, ce qui lui attira, de la part de ce dernier, une protestation émue.

Enfin, le 3 août, le chevalier de Montgaillard remit à Fabert les provisions de maréchal de France[1] : pour la première fois, un Français qui n'était pas né gentilhomme et qui avait porté la hallebarde était élevé à cette suprême dignité. Les nombreux amis qu'il comptait à la cour et dans l'armée s'empres-

1. Les provisions portaient la date du 28 juin. Le comte de Montdejeux était nommé par état du 26.

sèrent de le complimenter. Metz, sa ville natale, délégua, pour le féliciter, un ecclésiastique, un gentilhomme et deux échevins. Le représentant du clergé n'était autre que Bossuet, alors grand archidiacre du chapitre de Metz, et membre de l'assemblée des Trois-Ordres.

Peu de mois auparavant (2 février), le roi avait, en quelque sorte, couronné l'œuvre administrative de Fabert, à Sedan, par des lettres patentes qui sanctionnaient les mesures prises depuis longtemps dans son gouvernement pour assurer le bien-être et la sécurité des habitants. Ces lettres, en ordonnant l'extension des fortifications, visaient à faire de Sedan le boulevard de la frontière du Nord.

La promotion de Fabert au maréchalat fut suivie, à quelques jours de date, de la conclusion d'un traité passé avec le prince de Condé, et d'après lequel les courses organisées en vue des contributions de guerre, cessaient dans toute l'étendue de la Champagne, pour le parti du prince et pour les troupes du roi. Cette convention n'était, dans les intentions de Fabert, qu'un acheminement vers celle qu'il visait à faire signer à Bruxelles, pour l'échange des contributions entre la France et les Pays-Bas, depuis la Moselle jusqu'à la mer. Mais le cardinal, préoccupé alors de la pacification générale, et probablement convaincu qu'elle le dispenserait de réglementer les contributions de guerre, ne donna pas suite au projet de Fabert.

L'approche de la paix avec l'Espagne, et le mécontentement des privilégiés dont les réformes fiscales compromettaient les intérêts, contribuèrent, sans aucun doute, à refroidir le zèle empressé que Mazarin avait mis un instant au service des idées de Fabert. L'infatigable Téruel poursuivait encore, il est vrai, vers la fin de 1658, son enquête en Champagne, mais les résistances qu'elle soulevait, l'indifférence ou l'inertie du cardinal aidant, devenaient de plus en plus difficiles à surmonter. Quant au cadastre général, Fabert devait dès lors envisager son abandon comme certain.

L'année 1659 apporta cependant un nouveau soulagement au misérable sort des populations rurales de la Champagne, et c'est à Mazarin qu'elle en fut redevable. Une déclaration royale du 22 juin défendit, en effet, aux communautés d'habitants de la généralité de Châlons l'aliénation de leurs biens, et les autorisa à rentrer, sous certaines conditions, dans ceux qu'elles avaient aliénés depuis vingt ans.

Le 7 novembre suivant, Mazarin signait le traité des Pyrénées qui réconciliait la France et l'Espagne et consacrait la soumission du prince de Condé. Fabert fut de ceux qui, à cette occasion, ne ménagèrent pas au cardinal les témoignages de leur ad-

FABERT FAIT FORTIFIER SEDAN.

miration. Ce fut grâce à lui que les villages luxembourgeois de Chomme et de Neuville, voisins de Verdun, et où il avait eu la prévoyance de mettre garnison au cours des hostilités, restèrent acquis à la France.

Avant la conclusion de la paix, aussitôt après la suspension d'armes (7 mai) qui en était le prélude, Fabert avait proposé à Mazarin de conduire contre les Turcs les troupes désormais sans emploi. Arnauld d'Andilly, auquel il s'était tout d'abord ouvert de ce dessein, l'avait dissuadé de le poursuivre. Depuis quelque temps déjà (août 1658 — avril 1659), dans l'espoir que l'élévation du gouverneur de Sedan au pouvoir servirait la cause janséniste, il l'avait sollicité de briguer le ministère; mais ses instances étaient restées sans effet. Maintenant il redoutait, pour la réalisation de ses visées ambitieuses, un échec irrémédiable, si Fabert s'engageait dans une expédition lointaine. Sous l'empire de cette crainte, il crut ne pouvoir mieux que de conseiller à son ami de remplacer les Ottomans par les Anglais dans ses projets de croisade. Fabert ne se laissa point persuader : à cet étrange avis, il opposa des arguments décisifs[1].

1. L'expédition contre les Turcs n'eut lieu qu'en juin 1660, et le commandement en chef en fut donné à un prince de la maison de Modène, beau-frère d'une des nièces de Mazarin.

Presque en même temps, Arnauld d'Andilly essuyait un autre mécompte, à la suite des démarches qu'il avait faites dans le but d'obtenir la charge de chancelier du duc d'Anjou, frère puîné du roi, pour son second fils, Simon, marquis de Pomponne. Au dire de Mazarin auprès duquel Fabert avait plaidé avec empressement la cause de d'Andilly, la reine Anne d'Autriche s'était opposée à ce qu'il fût donné satisfaction à ce dernier, en alléguant « qu'il n'était ni de la bienséance, ni de la délicatesse de la conscience de Sa Majesté » de confier un emploi de cette importance « au fils d'un homme de la réputation du s[r] Arnauld que tout le monde tenait pour le chef d'une nouvelle secte ».

Fabert ayant cru découvrir dans les paroles de vive amertume contre le monde, que cette disgrâce arracha à d'Andilly, l'intention déguisée de l'attirer dans la solitude, se débarrassa définitivement de toute obsession sous ce rapport, en déclarant avec fermeté que sa passion pour la retraite le cédait aux devoirs qu'il avait à remplir envers sa famille.

La réorganisation des troupes placées sous ses ordres, et la mise à exécution du traité de paix des Pyrénées en ce qui concernait les contributions de guerre en Champagne, occupèrent Fabert au commencement de l'année 1660. Le 24 février, il reçut, au nom du roi, les places de Rocroi et de Linchamps. Les rapports qu'il continuait à entretenir avec les pays voisins, lui permettaient de communiquer à Mazarin et à Le Tellier de précieuses informations. En particulier, il signala au cardinal une occasion favorable de réunir à la France le duché de Bouillon.

Son activité extérieure ne l'empêchait pas d'étudier avec fruit, dans le cabinet, les moyens de remédier à certains abus inhérents à l'état social et dont une longue expérience lui avait révélé les conséquences funestes. A défaut des mémoires qu'il rédigea ainsi sur divers sujets et qui n'ont pas été conservés, on peut se rendre compte de ses vues sur l'administration financière, grâce à l'extrait, parvenu jusqu'à nous, de plusieurs manuscrits de sa main, fait par un de ses contemporains, et où cette question est traitée.

Parmi les impositions en usage, la taille était celle qui le préoccupait le plus. Nous avons vu par quelle voie il se proposait de la rendre réelle, en l'asseyant sur un cadastre régulier. Ses projets de réforme fiscale s'étendaient plus loin : ils embrassaient la gabelle, les douanes à la frontière, le domaine, les aides et les douanes intérieures.

Il maintenait la gabelle en la transformant radicalement. La consommation du sel pouvant être considérée, dans une certaine mesure, comme proportionnelle aux ressources de chacun, se prêtait au groupement des individus par classes, et à celui d'un certain nombre de catégories. Chaque catégorie avait sa part de contribution. La dernière classe était peu chargée. Cet impôt devait être recouvré directement avec celui de la taille, par des receveurs royaux, et procurer à l'État un revenu annuel de deux cents millions de livres.

Fabert maintenait aussi les revenus du domaine proprement dit (ancien domaine royal) et les droits qui y étaient attachés. Il était d'avis de faire disparaître les douanes intérieures, de conserver les douanes à la frontière et de supprimer les aides. Enfin, il aurait voulu remettre au peuple l'arriéré des tailles et toutes dettes anciennes. A la vérité, dans ses projets de remaniement des impositions, il subit parfois l'influence des préjugés de son temps, mais il n'en est pas moins, par les idées d'ordre, d'égalité, de justice et d'économie qui président aux combinaisons qu'il propose, un véritable précurseur du grand Vauban.

Cependant, l'ère de paix qui allait s'ouvrir n'était pas sans lui inspirer quelque appréhension pour l'avenir des établissements de Sedan où il faisait fabriquer des canons, des armes et des munitions de guerre. Il s'agissait de prévenir la suspension, sinon le ralentissement des travaux qui occupaient un grand nombre d'ouvriers. Il obtint ce résultat au moyen de prêts gratuits faits aux patrons qui manquaient de capitaux et en provoquant, de la part du roi, l'autorisation de combler, dans les approvisionnements de l'arsenal de Sedan, les vides qui s'y étaient produits depuis quelques années.

Les encouragements prodigués au travail, et les mesures de toute sorte dont Fabert prenait généreusement l'initiative pour développer le bien-être de la population sedanaise, avaient eu pour effet de rapprocher de plus en plus les calvinistes et les catholiques qui en étaient indistinctement l'objet. C'est ainsi qu'il avait préludé à son dessein, longuement médité, de réconcilier pacifiquement les deux Églises. Dès la fin de 1659, il avait obtenu de la reine-mère l'envoi à Sedan du Père Adam, prédicateur en renom de la Compagnie de Jésus, sur lequel il comptait pour compléter l'œuvre de conversion commencée par les lazaristes. Les heureux résultats obtenus alors par ce religieux le firent rappeler à Sedan à la fin de 1660.

Tandis que le Père Adam se rendait pour la seconde fois au milieu des Sedanais, Fabert suivait, à Bourbonne, un traitement nécessité par une grave maladie. A son retour des eaux, étant encore convalescent, il prit place dans le cortège qui accompagnait le roi et la jeune reine Marie-Thérèse à leur entrée dans Paris (26 août).

A l'issue d'un second séjour à Bourbonne, il revint à Paris pour assister aux derniers moments de la marquise de Fabert (13 février). Après avoir cédé, d'abord, à l'accablement d'une profonde douleur, il se livra au recueillement avec une résignation toute chrétienne. C'est à Mme de Fabert que les Sedanais devaient l'introduction, dans leur ville, de la fabrication des dentelles imitées de celles de Venise.

Quelques semaines après (9 mars), Mazarin rendait le dernier soupir à Vincennes. Un des traits les plus saillants de la figure de l'homme et du ministre, tel qu'il ressort de sa correspondance avec Fabert, est, sans aucun doute, son amour passionné pour la France, sa patrie d'adoption. Le dévouement constant avec lequel Fabert mit au service du cardinal toutes les ressources de son patriotisme éclairé, peut passer, à juste titre, pour un des hommages les plus significatifs qui aient été rendus à la politique éminemment française de cet illustre homme d'État.

L'année 1661 vit se renouer la correspondance de Fabert avec Arnauld d'Andilly à l'occasion de la mort de la marquise de Fabert et de Mazarin. Tandis que d'Andilly continuait à adresser à Fabert les écrits jansénistes qui voyaient le jour, celui-ci les donnait à lire, en premier lieu, au Père Adam. Depuis quelques années déjà, il était entré en rapport avec plusieurs personnalités marquantes de l'ordre de Jésus; de plus, il avait placé son fils dans le collège de Reims. Il en vint à tenir au courant d'Andilly lui-même des concessions qu'il faisait à ses nouveaux correspondants, sur des points de doctrine où il partageait

Peint par Ph. de Champagne.

ARNAULD D'ANDILLY.

autrefois, avec une certaine ardeur, l'opinion de leurs adversaires. En un mot, il commençait à secouer l'espèce de joug sous lequel son ami, entraîné par un zèle quelque peu intolérant, avait tenté de le retenir.

Bien que Louis XIV eût annoncé, au lendemain de

la mort de Mazarin, sa ferme résolution de gouverner sans premier ministre, on crut à la cour que la succession du cardinal était destinée à Fabert. L'opinion publique le désigna même pour cette haute situation. Cependant, le roi paraît n'avoir jamais eu d'autre intention que celle d'appeler le maréchal dans le Conseil privé, à côté de Le Tellier, de Lionne et Fouquet. Pressé par ses amis et ses parents de tirer parti des dispositions du roi et de la reine-mère à son égard, Fabert leur déclara, avec sa franchise de soldat, qu'il ne renoncerait jamais à son indépendance pour aller vivre au milieu des courtisans.

Le moment lui avait paru d'autant plus mal choisi pour se démettre de son gouvernement, qu'il prévoyait des changements très prochains dans l'ancienne constitution sedanaise. Un édit de mai 1661 créait, en effet, en remplacement du Conseil souverain de Sedan, un présidial du ressort du parlement de Metz. Fabert fit valoir aussitôt auprès du roi les conséquences regrettables d'une mesure qui portait atteinte à une organisation administrative œuvre de dix-neuf années de soins et de labeurs incessants, et, en même temps, aux antiques privilèges de la cité. On répondit à ses représentations en lui proposant des avantages personnels qu'il s'empressa de refuser. Il tenta alors de se faire attribuer la disposition des charges de judicature. Un arrêt du Conseil d'État lui donna gain de cause sous ce rapport, mais en maintenant l'obligation, pour les nouveaux titulaires, de payer leurs offices. Ce n'est que lorsqu'il offrit d'acheter à ses frais les charges qu'il était dans l'intention de réserver à des magistrats de son choix, que le roi renonça à son droit de finance. Là-dessus, un nouvel édit (novembre) prononça définitivement la substitution du présidial au Conseil souverain.

Tandis que Fabert multipliait ses efforts pour la défense des institutions sedanaises et pour la sauvegarde de sa propre autorité, d'autres préoccupations étaient venues l'assaillir. Il avait appris de la bouche de Le Tellier que, d'après les papiers trouvés dans la maison du surintendant Fouquet à la suite de sa disgrâce, il figurait parmi les gouverneurs dont ce dernier s'était promis, quelques années auparavant, d'utiliser le crédit en cas d'arrestation. Sa crainte était que cette circonstance révélât, sous un jour propre à le faire passer pour suspect, les relations d'amitié qu'il avait entretenues avec Fouquet. Mais le roi, auquel il alla présenter sa justification, se hâta de le tranquilliser; la reine-mère le rassura de son côté. Peu de jours après (10 novembre), le comte de Noailles lui annonçait l'intention du roi de le comprendre dans la promotion des chevaliers de l'ordre du Saint-Esprit.

Pour être fait chevalier de cet ordre, il fallait être

gentilhomme de nom et d'armes d'au moins « trois races paternelles ». Bien que les lettres d'anoblissement d'Abraham Fabert, seigneur de Moulins, le reconnussent comme « réputé de noble race », Fabert considérait son père comme le premier gentilhomme de sa race. S'il consentait à recevoir la haute distinction qui lui était destinée, il devait s'attribuer des preuves de noblesse forgées pour la circonstance, ou demander au roi de passer outre. Le premier de ces partis répugnait à sa droiture, il s'exposait à un refus humiliant s'il adoptait le second.

Dans la lettre de remerciements (20 novembre) adressée au comte de Noailles, où il croyait devoir décliner l'honneur que la faveur royale lui avait réservé, il disait : « Quant aux preuves qu'il faudrait « pour être chevalier par la voie ordinaire, j'aimerais « mieux la mort que d'y donner mon consentement. « Je n'ai fait de ma vie faussetés, et, pour porter une « marque d'honneur sur mon manteau, je ne rendrai « jamais ma personne aussi infâme qu'elle le serait si « je m'étais porté à mentir à mon roi. » En même temps, il laissait entendre au comte de Noailles qu'il n'interviendrait pas pour solliciter du roi d'être dispensé de produire des preuves. La seule solution qu'il croyait pouvoir accepter était la dispense de preuves sans conditions. De son côté, Louis XIV se montra disposé à se contenter des preuves qui lui seraient fournies, quelles qu'elles fussent, mais il était décidé à ne pas les supprimer tout à fait afin de ne point déroger aux statuts de l'ordre. Cette concession étant peu propre à calmer les scrupules de Fabert, il fit connaître au comte de Noailles que son intention était de ne pas en profiter.

Le 3 décembre suivant, le nom du maréchal était proclamé, dans une réunion du chapitre de l'ordre du Saint-Esprit, parmi ceux des personnages désignés pour recevoir le cordon. Informé de sa nomination, il exprima aussitôt à Le Tellier sa ferme volonté de renoncer à cet honneur, en le priant de s'employer auprès de Louis XIV pour lui faire agréer sa détermination. De plus, il demanda au secrétaire d'État de la guerre son avis sur la lettre suivante adressée au roi (7 décembre) :

« Sire,

« Je sais qu'un sujet ne peut être obligé à son roi « au delà de ce que je suis à Votre Majesté, et néan- « moins elle a voulu me combler de ses grâces en me « nommant pour être chevalier de son ordre, dans « un temps où le plaisir qu'on prend de médire fait « dire à bien des gens que je suis en état de craindre « la justice. Un traitement semblable ne peut pro- « duire en moi qu'un extrême regret de ne pouvoir

« m'en rendre digne, comme j'aurais pu le faire, si « la guerre eût duré et qu'il eût plu à Votre Majesté « m'employer en campagne, ainsi que Mgr le Cardinal « m'avait dit qu'elle pourrait bien faire. Mais, Sire, « par la paix, je me trouve éloigné de tout cela, qui « est pour moi un extrême malheur, lequel s'accroît « par la difficulté insurmontable que je trouve à re- « cevoir l'honneur que Votre Majesté veut me faire.

« De deux mauvais partis, Sire, agréez que je prenne « celui de renoncer à la grâce que Votre Majesté a « de vouloir me faire. On ne saurait, sans peine, « refuser un honneur présenté par son roi; mais, « Sire, pour recevoir celui-ci, il faudrait que je fusse « un faussaire à Votre Majesté, dont la seule pensée « me donne de l'horreur. Si par quelque service on « pouvait suppléer à cet empêchement, j'entrepren- « drais tout ce qui se peut faire, et les efforts que je « ferais feraient voir combien j'estime l'honneur qui « m'est offert, et combien ma vie m'est peu consi- « dérable à comparaison de me rendre digne des « grâces dont Votre Majesté a la bonté de vouloir « honorer la personne qui en aura plus de reconnais- « sance, de fidélité et de zèle... »

Le Tellier remit cette lettre au roi et répondit à Fabert : « Tous les honnêtes gens de la cour et du « royaume louent entièrement votre conduite, et ils « conviennent qu'elle vous est beaucoup plus hono-

« rable que l'honneur même qui vous avait été des-
« tiné. Je suis de leur sentiment. »

A son tour, Louis XIV écrivit à Fabert (29 décembre) :

« Mon Cousin,

« Je ne saurais dire si c'est avec plus d'estime ou
« bien avec plus de plaisir que j'ai vu, par votre
« lettre du 7 de ce mois, l'exclusion que vous vous
« donnez vous-même pour le cordon bleu dont
« j'avais résolu de vous honorer. Ce rare exemple de
« probité me paraît si admirable, que je vous avoue
« que je le regarde comme un ornement de mon
« règne. Mais j'ai un regret extrême de voir qu'un
« homme qui, par sa valeur et sa fidélité, est parvenu
« si dignement aux premières charges de ma cou-
« ronne, se prive lui-même de cette nouvelle marque
« d'honneur par un obstacle qui me lie les mains.
« Ne pouvant faire davantage pour rendre justice à
« votre vertu, je vous assurerai au moins, par ces
« lignes, que jamais il n'y eut dispense accordée avec
« plus de joie que celle que je vous enverrais de mon
« propre mouvement, si je le pouvais sans renverser
« le fondement de mes ordres, et que ceux à qui je
« vais distribuer le collier ne sauraient jamais en re-
« cevoir plus de lustre dans le monde, que le refus

« que vous en faites par un principe si généreux vous « en donne auprès de moi.

« Je prie Dieu, au surplus, qu'il vous ait, mon « Cousin, en sa sainte et digne garde.

« Louis. »

Dès que Louis XIV eut élevé la voix pour rendre hommage à l'intégrité et à la modestie de Fabert, les bruits d'après lesquels le maréchal, en refusant le cordon, n'aurait été guidé que par une pensée d'orgueil, tombèrent d'eux-mêmes pour la plus grande confusion de quelques courtisans envieux et maladroits qui avaient cherché à les répandre.

D'autres rumeurs s'élevèrent alors, renouvelées de celles dont Fabert s'était ému, quelques mois auparavant. Certains propos tenus par Fouquet à ceux qui le surveillaient dans sa prison, avaient suffi aux ennemis du maréchal pour revenir sur sa prétendue connivence avec le surintendant. Dans le trouble où le jeta cette accusation, il alla jusqu'à demander, pour se justifier, d'être enfermé à la Bastille et d'y attendre le résultat de l'enquête qu'il sollicitait. Les témoignages de confiance que le roi lui prodigua à cette occasion, et les avis répétés de ses amis finirent par le dissuader d'entrer en lutte avec ses calomniateurs.

Cependant, l'édit de novembre 1661 relatif à l'établissement d'un présidial à Sedan, n'avait pas encore reçu d'exécution. Le maréchal ayant désigné un calviniste pour remplir l'office de procureur du roi dans le nouveau tribunal, un conflit éclata entre le conseil souverain de Sedan et le parlement de Metz, celui-ci prétendant être en droit d'instituer immédiatement des juges provisoires, celui-là déclarant qu'il n'avait pas à recevoir d'ordres directs des magistrats messins. Le roi se prononça en faveur du conseil souverain, c'est-à-dire du gouverneur de Sedan, qui fut autorisé à nommer des protestants aux charges de nouvelle création et à les dispenser de renouveler leur serment.

La protection que Fabert accordait à quelques notables calvinistes et dont les effets venaient de se manifester avec un certain éclat ne tarda pas à lui susciter des ennemis parmi les catholiques sedanais. On le traita de fauteur d'hérésie. Cette étrange accusation ne trouvant pas crédit auprès de l'opinion publique, on publia qu'il était sorcier. L'imagination ardente de Fabert, qui lui faisait voir en songe des génies révélateurs, et les pratiques auxquelles il se livrait dans le domaine de la science hermétique, de concert avec l'alchimiste Esprit Gobineau, sieur de Montluisant[1], étaient connues de ses amis. Il n'en fal-

1. Esprit Gobineau, sieur de Montluisant, poète chartrain et alchimiste, habitait Metz.

lait pas davantage pour que le peuple crédule lui attribuât des rapports avec Satan et favorisât l'imposture. Fabert n'ignorait pas, d'ailleurs, la réputation diabolique qu'on voulait lui faire et disait ironiquement : « Je consens à passer pour hypocrite et pour enchan-« teur..... je veux bien qu'on y ajoute que j'ai le « diable au corps et que je suis pis qu'un sorcier, « pourvu que ma conduite envers ceux de la Religion « puisse contribuer à les faire rentrer dans l'Église. »

Convertir les calvinistes sedanais à la foi catholique, tel était le rêve de Fabert. Il en poursuivait la réalisation, depuis quelques années, pour ainsi dire sans trêve. C'était la dernière pierre de l'édifice dont il avait jeté les fondements vingt ans auparavant. L'heure lui paraissait venue de consulter solennellement les réformés les plus influents pour les rallier d'une manière définitive à ses vues. Le Père Adam fut appelé à présider la réunion qui eut lieu le 17 avril. Quelques-uns des calvinistes présents déclarèrent être prêts à embrasser le catholicisme. D'autres se tinrent sur la réserve. Ce résultat restait, sans aucun doute, au-dessous des espérances de Fabert, mais sans les décourager.

Il préparait les moyens de disposer favorablement les religionnaires encore hésitants, et ceux dont il pouvait craindre l'opposition, lorsqu'il tomba malade. En quelques jours (10-13 mai) son état empira sensiblement. Entrevoyant sa fin prochaine, il demanda au curé de Sedan de lui administrer les derniers sacrements, bénit ses serviteurs et s'entretint avec quelques amis. Bien que son esprit planât déjà au-dessus des choses terrestres, il était encore capable d'un regret jeté sur le passé qui n'avait pas vu le triomphe de ses idées de concorde religieuse. Il invita donc le conseiller d'État Morel, président du conseil souverain de Sedan, à se concerter avec le Père Adam pour prendre en main la conduite de son œuvre de prédilection. Mais M. Morel déclina l'honneur de remplir une mission qui lui semblait audessus de ses forces. Malgré la fièvre qui le minait, le gouverneur manda alors auprès de lui les ministres réformés, les membres du conseil souverain et les notables calvinistes.

Tous répondirent à son appel. Après les avoir remerciés des témoignages d'affection qu'ils n'avaient cessé de lui donner, il ne dissimula pas aux calvinistes présents les regrets qu'il éprouverait, s'il était réduit, avant de mourir, à constater l'inutilité de ses efforts en vue de l'apaisement religieux. Il les engagea à renoncer aux vaines subtilités de la science qui n'étaient propres, selon lui, qu'à perpétueri ndéfiniment la discussion sans amener de résultat. L'esprit de charité, le souci des intérêts de leurs concitoyens, la constante préoccupation de la gloire de Dieu, devaient être les seuls mobiles de leur conduite. Il leur rapporta qu'avant d'être en relation immédiate avec les calvinistes, dans son gouvernement, il était convaincu que leurs croyances et celles des catholiques différaient notablement, mais que, depuis, son opinion à cet égard s'était complètement modifiée. L'important, ajouta-t-il, est de s'entendre sur les vérités fondamentales, sans s'arrêter aux questions de détail. Il fit allusion, ensuite, à ceux qui, les premiers, n'avaient pas reculé devant le scandale, pour se séparer de l'Église catholique, tandis qu'il leur eût été facile de l'éviter, en portant remède à certains abus. Enfin, il les exhorta, dans les termes les plus pressants, à s'employer pour le succès de l'œuvre qui devait attirer sur Sedan les bienfaits du roi et les bénédictions de l'Église.

Ce discours émut profondément les assistants. Plusieurs calvinistes qui, jusque-là, avaient réservé leurs décisions, se déclarèrent prêts à entrer dans la voie tracée par le gouverneur; un seul d'entre eux lui fit une réponse évasive dont il se montra froissé. Là-dessus l'assemblée fut congédiée. Le président Morel ayant été sollicité par Fabert de lui communiquer son impression sur ce qui s'y était passé, comprit que l'état du malade exigeait de grands ménagements, et se borna à émettre quelques doutes sur une issue favorable de la réunion, sans présenter d'objections.

PORTRAIT DE FABERT, EN MARÉCHAL DE FRANCE
D'APRÈS UNE GRAVURE DU TEMPS.

Le jour suivant, Fabert recommanda ses deux fils et ses trois filles à M. de Termes, son ami le plus intime [1]. « Si mes fils, lui dit-il, font jamais quelque « chose contre le service du roi, je vous conjure « de les mettre entre les mains de Sa Majesté, pour « les faire punir selon leur faute. » Le lendemain matin, il eut la force de se lever pour mettre ordre à ses papiers. Dans sa sollicitude paternelle, il acheva de régler avec M. de Termes toutes les questions dont la solution pouvait contribuer à assurer le bonheur de ses enfants. L'après-midi du même jour, une crise violente se produisit sans amener de réaction. Sentant que sa fin était proche, il éloigna lui-même les membres de sa famille et les amis qui l'entouraient, demanda son livre d'heures et fit fermer les rideaux de son lit. Seul, La Rivière, son chirurgien, resta dans sa chambre, en se tenant à distance. Quelques instants après, le maréchal rendait le dernier soupir (17 mai). Il s'était éteint, sans agonie, dans un assoupissement, avec cette résignation sereine que donne au sage la conscience d'une vie bien remplie et au chrétien l'espoir d'une autre vie.

A la cour, comme à Sedan, et sur la frontière, la nouvelle de cette mort provoqua une explosion de

1. M. de Termes était lieutenant du roi à Sedan depuis le 11 août 1661.

douloureux regrets. Le roi, en l'apprenant, ne dissimula pas son vif chagrin.

On embauma le corps du maréchal, avant de le déposer dans la crypte qu'il avait fait construire sous le chœur de l'église des Capucins [1]. Selon ses dernières volontés, il fut inhumé sans pompe, dans le tombeau de marbre noir où reposait déjà la marquise de Fabert [2].

D'après le Père Barre, qui a emprunté à de précieux mémoires les principaux traits de la figure de Fabert tant au physique qu'au moral, le maréchal « était d'une taille médiocre, mais libre, dégagée et assez bien prise; il avait le teint brun, un peu couperosé, le front grand, élevé, les yeux vifs et perçants, le nez aquilin; il marchait la tête haute, conservant un air grave et sévère; sa parole était ferme et hardie; il s'expliquait en peu de mots, ne sortant jamais de son sujet. Il négligeait cette politesse superficielle dont le monde se contente et qui couvre souvent une grande barbarie; mais sa probité, sa grandeur

1. L'hôpital militaire actuel a été formé de cette église.

2. La crypte et le tombeau existent encore, mais les deux corps, exhumés le 24 août 1793, par ordre de la municipalité sedanaise, ont été probablement jetés à cette époque dans la fosse où l'on ensevelissait les soldats morts à l'ambulance. On trouva sur le corps du maréchal une plaque de cuivre reproduisant à peu près l'épitaphe latine du tombeau placé dans la crypte. Lors des travaux de démolition des fortifications de Sedan, après la guerre de 1870-71, quelques recherches furent faites pour retrouver le corps de Fabert dans l'ouvrage à cornes dit des « Capucins »; elles ne donnèrent aucun résultat.

d'âme, sa religion, lui composaient une autre politesse plus rare, qui était toute dans le cœur[1] ». Bien qu'il fût d'un naturel assez prompt, même emporté, il savait maîtriser son humeur. L'énergie avec laquelle il défendait d'ordinaire ses idées devenait de l'obstination dès qu'il s'apercevait qu'on cherchait à lui imposer une opinion dont il ne s'accommodait pas. Il se faisait une idée si haute des devoirs que commande l'amitié, et se montrait si loyal et si noble dans la manière de les remplir, qu'il put, sans encourir la défaveur royale, rester fidèle à ses amis dans la disgrâce, comme le duc d'Épernon, le comte de Chavigny et le surintendant Fouquet. Il était humain et indulgent à l'égard de ses serviteurs; quand ceux qu'il congédiait ne s'étaient montrés qu'insuffisants, il leur accordait une gratification pour les mettre momentanément à l'abri de la misère.

La manière de vivre du maréchal était d'une régularité parfaite. Il se levait de grand matin et donnait audience tous les jours. Tous les jours aussi, entouré d'officiers et de bourgeois, il parcourait les remparts, visitait les travaux en cours d'exécution. Le soir, il

1. Les traits de Fabert ont été reproduits par un grand nombre de graveurs, par Edelink et Voyez, entre autres. Ils ont été dessinés au pastel par Robert Nanteuil. Son buste en bronze, signé Mansion, fait partie du Musée de peinture de Metz. Le 30 octobre 1842, a été inaugurée à Metz sa statue en bronze, par Etex, située sur la place d'armes. L'auteur de cette biographie se trouvait au pied du monument, lorsqu'en 1870, les premiers soldats allemands débouchèrent sur la place; la statue était voilée d'un crêpe.

s'occupait de ses enfants qu'on lui amenait ; après les avoir interrogés sur ce qu'ils avaient appris dans la journée, il les instruisait lui-même, et leur donnait des conseils en rapport avec leur âge.

« M. de Fabert — dit encore le Père Barre — prétendait que le gouverneur était au dehors le défenseur de la patrie, au dedans le juge et le père de son peuple, qu'il lui devait son temps, ses soins et son affection, et qu'il n'était digne de commander qu'autant qu'il s'oubliait lui-même pour se sacrifier au bien public. »

Son esprit clair et méthodique, son jugement parfaitement droit, l'expérience acquise dans de nombreuses campagnes et dans des emplois variés, enfin une excellente mémoire qui lui permettait de retirer un grand fruit de ses lectures, faisaient de Fabert un chef militaire accompli. Il parlait, en maître, de la marche, des formations et des évolutions des troupes, de l'attaque et de la défense des places. Son traité des « Évolutions militaires », dont le manuscrit a été, au XVIIIe siècle, entre les mains d'un de ses biographes, n'est pas, malheureusement, parvenu jusqu'à nous. C'était une sorte de manuel de tactique par principes et par règles.

La sollicitude constante de Fabert pour ses soldats, s'étendait aux habitants qui les logeaient. Un gentilhomme de ses amis en témoigne en ces termes :

« Je ne l'ai jamais vu sortir d'un logis, qu'il n'ait demandé à ses hôtes si ses gens ne leur avaient point fait de tort. Lorsque quelqu'un faisait des plaintes et qu'il les trouvait fondées, il payait au double de ce qui avait été pris; il tenait même cette conduite en pays ennemi. Quand les maîtres de la maison se retiraient de celle où il allait loger, il supputait, avant que de partir, la dépense qu'il avait faite; il en remettait l'argent au curé ou au gentilhomme voisin, et chargeait l'un ou l'autre de dédommager l'hôte dont il avait occupé la maison. » Pendant la campagne dans le pays de Liège, en 1654, un commissaire des guerres ayant tenté de lui faire entendre qu'il y avait, sous ce rapport, excès d'exactitude et de scrupule de sa part, il lui répondit : « Nous « ne faisons que ce que nous devons. Faut-il que « le pauvre souffre des querelles de nos maî- « tres? »

La famine sévissant en Champagne, principalement dans l'élection de Réthel et sur les rives de la Meuse, il ne vit rien de mieux, pour assurer du pain aux plus malheureux, que d'appeler, en grand nombre, des ouvriers à Sedan et de les employer à travailler aux ouvrages fortifiés. En même temps, il fit distribuer du blé aux pauvres habitants d'entre Aisne et Meuse. En tout temps, d'ailleurs, il visitait les localités où il croyait sa présence utile, et s'empressait de remédier aux maux dont souffraient les populations.

Louis de Fabert, fils aîné du maréchal, lui succéda dans le gouvernement de Sedan. En raison de son âge — il avait onze ans — le roi confia, pour trois ans, le commandement de la place au comte de la Bourlie, maréchal de camp. Dès 1655, Louis de Fabert avait obtenu la survivance du gouvernement. En 1669, étant colonel du régiment de Lorraine et faisant partie de l'expédition de Candie, il fut tué, le 25 juin, dans une sortie contre les Turcs qui promenèrent sa tête autour de la place avec celles d'un grand nombre d'autres officiers. Le comte de la Bourlie lui succéda, comme grand bailli, par provisions du 30 novembre 1669, et comme gouverneur le 7 août 1671.

Après la mort de Fabert, le président Morel, M. de Termes et un député du corps de la ville présentèrent au roi les professions de foi des calvinistes qui s'étaient engagés, vis-à-vis du maréchal, à embrasser la religion catholique, mais cette démarche n'eut aucune suite en raison de l'opposition faite à toute tentative de conversion par un grand nombre de réformés de Sedan et du dehors. Le roi manifesta tout d'abord son mécontentement en décidant de priver de leurs charges, dans le présidial, ceux qui ne se convertiraient pas à la foi catholique. Plus tard, il accepta, pour remplir les charges du nouveau bailliage, un certain nombre de calvinistes. Enfin, le 18 décembre, le nouveau présidial fut installé par des délégués du roi et du parlement de Metz. C'en était fait de la plus importante des anciennes institutions sedanaises : on n'avait jamais osé y toucher du vivant de Fabert!

La mort de Fabert ne fut pas un moindre malheur pour les Champenois que pour les Sedanais. Le succès des réformes administratives dont la généralité de Champagne commençait à ressentir les effets salutaires, était à jamais compromis. Qui donc aurait pu, avec le même crédit, la même autorité, et autant de persévérante énergie que Fabert, prendre sa place pour guider les hommes de bonne volonté chargés d'appliquer ses idées, conjurer les abus toujours prêts à renaître, et tenir tête à la nuée chaque jour grossissante des privilégiés?

Des épidémies et des famines achevèrent, en peu d'années, de ruiner la Champagne. Les instructions de Colbert, adressées aux Intendants, et les mesures par lesquelles il chercha à donner à la taille une assiette régulière et uniforme, et à substituer la taille réelle à la taille personnelle dans tout le royaume[1], ainsi que Fabert avait commencé à le

1. On sait que Colbert ne parvint à mettre à exécution son projet de cadastre que dans la généralité de Montauban.

faire dans la généralité de Champagne, n'amenèrent pas de résultats durables.

Vers la fin du règne de Louis XIV, la misère générale s'aggrava encore. Les abus croissants vicièrent de plus en plus l'organisation financière. Peu à peu la dislocation des rouages sociaux devient manifeste; elle est déjà bien avancée lorsqu'un ministre de Louis XIV, M. de Laverdy, entame la confection d'un cadastre général des biens-fonds. Mais le moment des réformes de longue haleine est passé; les intentions louables de quelques hommes de cœur, émules clairvoyants de Fabert, de Catinat, de Colbert et de Vauban, quoique moins en vue qu'eux, restent fatalement stériles. C'est l'heure mémorable où le Tiers-État, répondant aux vœux de l'opinion publique impatiente, commence à essayer ouvertement ses forces contre l'autorité monarchique, et où la Révolution met à nu brusquement les misères du peuple sous les yeux de la nation.

TABLE DES MATIÈRES

CHAPITRE PREMIER

(1599-1642)

CHAPITRE II

(1642-1652)

CHAPITRE III

(1653-1657)

CHAPITRE IV

(1658-1662)

Typographie Firmin-Didot et Cie. — Mesnil (Eure). (6-03-3000).

www.ingramcontent.com/pod-product-compliance
Ingram Content Group UK Ltd.
Pitfield, Milton Keynes, MK11 3LW, UK
UKHW021156260726
13994UKWH00001B/493

9 782329 09088